炒股就像坐高铁

年获利500%的大波段月台操作法

江礼安◎著

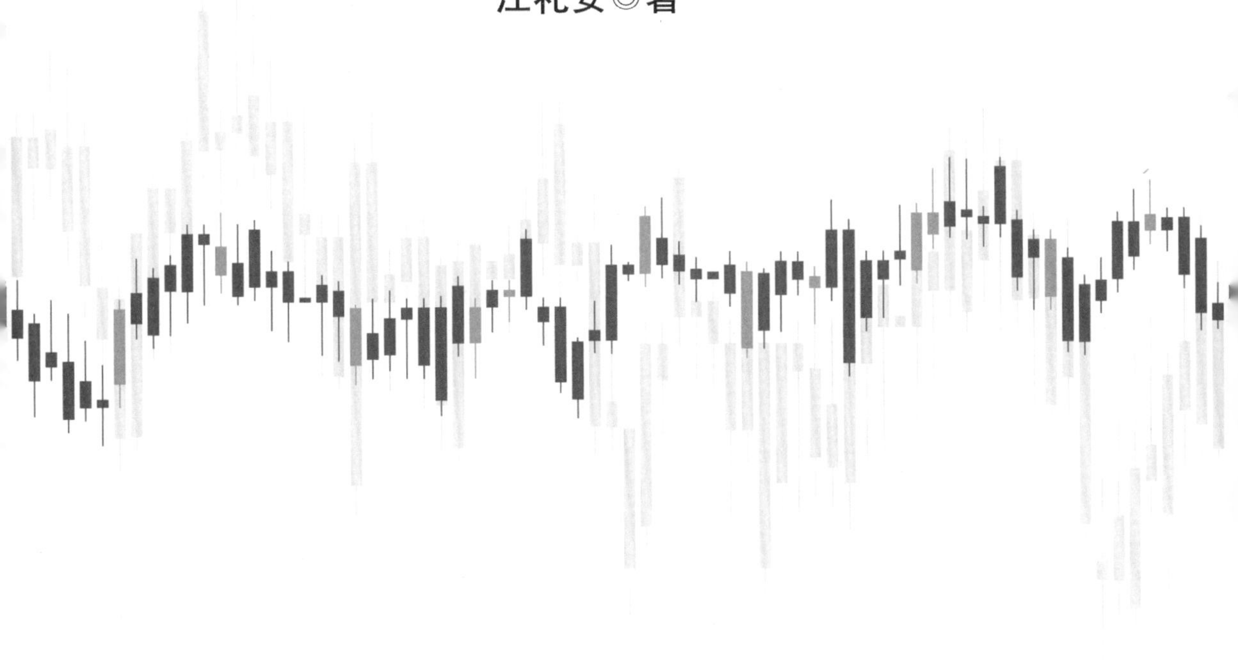

南方传媒 | 广东经济出版社
·广州·

图书在版编目（CIP）数据

炒股就像坐高铁：年获利500%的大波段月台操作法/江礼安著. —广州：广东经济出版社，2023.3
ISBN 978-7-5454-8407-6

Ⅰ. ①炒… Ⅱ. ①江… Ⅲ. ①股票交易-基本知识 Ⅳ. ①F830.91

中国版本图书馆CIP数据核字（2022）第110220号

责任编辑：陈念庄　郭艳军
责任技编：陆俊帆
责任校对：叶　芳
封面设计：回归线

炒股就像坐高铁：年获利500%的大波段月台操作法
CHAOGU JIU XIANG ZUO GAOTIE：NIANHUOLI 500% DE DA BODUAN YUETAI CAOZUO FA
出 版 人：李　鹏
出版发行：广东经济出版社（广州市水荫路11号11~12楼）
印　　刷：广东鹏腾宇文化创新有限公司
（珠海市高新区唐家湾镇科技九路88号10栋）

开　　本：730mm×1020mm　1/16　　**印　　张**：13
版　　次：2023年3月第1版　　**印　　次**：2023年3月第1次
书　　号：ISBN 978-7-5454-8407-6　　**字　　数**：110千字
定　　价：65.00元

发行电话：（020）87393830　　编辑邮箱：gdjjcbstg@163.com
广东经济出版社常年法律顾问：胡志海律师　　法务电话：（020）37603025

前　言

如果你：

1. 看不懂 K 线图中各形态指标代表什么意思；

2. 花钱学了很多技术分析方法，却没有办法获利；

3. 常常购买财经人士推荐的股票，但买了就赔钱；

4. 看到新闻发布某公司的有利消息而买进，但结果总是事与愿违；

5. 各种股票操作图书看了不少，但还是没办法获利；

6. 不知道完整的技术分析操作流程。

那么这本书就是为你准备的。

金融市场魅力迷人，每个进入市场的投资人，都听过一些成功者的神话，希望自己也是其中一名幸运儿，但大多数人都不会这么幸运。80/20 法则指出，80% 的钱掌握在 20% 的人手里，而在金融市场里可能更加残酷，100 名投资人当中，赚钱的有可能不到 10 个，甚至不到 5 个！如此小的成功比例，却还是阻挡不了投资人疯狂地进入市场的脚步。在抵挡不了亏损的浪潮，被大浪吞噬以后，还剩下什么呢？

既然我有这个机会跟各位有缘的读者分享一些股票操作上的心得，就希望能让每一位读者少走些冤枉路，让每一位读者都建立起正确的观念，让投资有章可循，也可以学习我在 Youtube 频道上教的“定期定额”储蓄型投资方式。如果真的学不会，可以退出市场，把钱拿去做一些善事，善心善行，自得善果。这样做，总好过进了市场，每天提心吊胆，患得患失，生活质量降低，失去生活重心，最后还不一定能够获利。

在操作中可以体会人生，这是我进入市场四五年后的感触。赚钱的时候，好像金榜题名一般风光，人生充满了美好，连路上的小花都在对你微笑，你也相信这样的光景会一直持续。但当你开始连续亏损，甚至连本金都遭到大幅侵蚀，从亏损 10% 到亏损 20% ，最后本金只剩 50% ，甚至为零时，你的人生陷入黑暗、绝望，明明知道要及时止损，却不按章操作，心里想只要把握好下一次机会，就可以赚钱，甚至不赚钱也没关系，只要本金回来就好！所以在操作中可以在很短的时间内尝尽人生高低起伏的滋味。

修行人常说，修行的过程中，看山是山，看山不是山，看山又是山。当你知道原来市场就是这么一回事，涨跌就是这么一回事的时候，认识到赚赔都是市场中自然发生的一部分，心情不再那么起伏不定的时候，恭喜你，你又上了一个层次！

金融市场很自由，只要市场开盘，每天都可以进行买卖操作，什么时候进入市场、什么时候退出市场都可以，其中最重要的就是“什么时候进场”“什么时候出场”！

走势好判断，心态定胜负

股票走势很单纯，只有 3 个方向——向上，向下，或是盘整。乍看之下是很简单，实际上也是这么简单，但为什么获利的人却是少数？这一切都归因于心态，心态问题是决定成败的最大原因，在本书相应章节中我们会慢慢分析！

既然股票走势只有3个方向，那我们就可以从价格的走势中找出一些规律，从而在适当的时机进场，赚到后面的行情，这就是技术分析。不需要算命，不需要预测行情，只要耐心地等待，发现它，然后进场，等待出场信号。

而本书叙述的操作系统就是建立在价格走势的自然波动上的，就如大自然有春夏秋冬四季变化，市场也是如此，所有影响股票基本面的业绩因素、政治经济因素、公司派或市场派等主力人为干预，都是自然波动里的一环。因此只要你能了解价格波动的规律，你就可以站在对的那一边，不需要“明牌”，不需要“内线”，只需要学会该具备的技术并大量练习，配合止损停利，就可以晋升为赚多赔少的赢家！

价格波动的规律，就像大自然的规律，只要是有K线图的商品都适用，各种金融商品也都是自然规律的一部分。

完整的操作流程需要具备的3个要素（见图1），我把它们称为“完整操作黄金三角”。

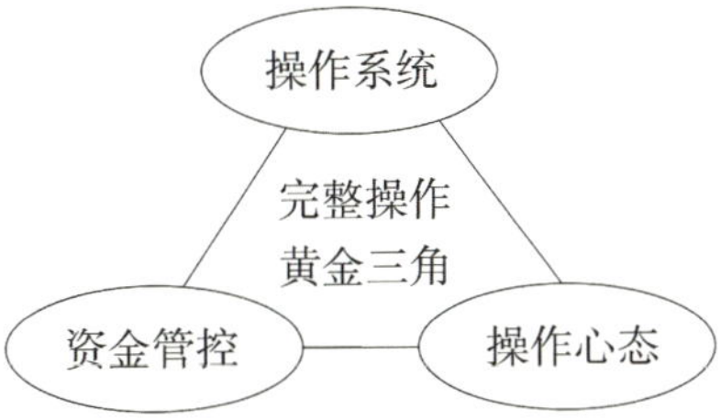

图 1　完整操作黄金三角

技术分析方法有千百万种，每种方法都有它的优势。首先你需要找到适合自己的操作系统；然后对的操作系统再配合对的资金管控方式，才能赚多赔少；而要让操作系统严格遵守，保证资金效益最大化，就需要正确的操作心态。否则就算你买在低点，之后也没有办法在好的位置出场，小赚不打紧，甚至还可能赔钱呢！

然而，大部分的投资人只知道追求操作技巧，不论是技术指标，用极值找到最高点、最低点，还是用特殊软件找到买卖点……来者不拒。事实上，技术分析方法只有两种：顺势系统——确立趋势，找到技术面转折点后进场；逆势系统——找到即将反转的位置后进场。操作系统很重要，是完整操作黄金三角的一环，但如果忽略其他两个要素，要长期获利就不容易了。这也是一般投资人不容易在市场上获利的主要原因。

接下来我将带着你一步步学习系统化的操作流程。

第一步，了解价格波动原理。知道价格波动的规律后，我们再从中找到进出场点，然后建立起一套完整的交易系统。这个思维逻辑是由宏观到微观，由大到小，由粗略到细致，这对建立基础非常重要，对未来优化操作系统，提升自己的操作能力也有很大的帮助。

第二步，了解资金管控方法。资金配置正确，才能让资金效用最大化，才能够大赚小赔、赚多赔少，而且资金管控容易量化，这部分的学习，可以说是简单又有用。

第三步，了解各种操作心法，也就是建立起正确的操作心态。这部分最不容易学，因为心法不是一种技巧，而是一种体会，是经验的内化，否则都只是纸上谈兵。在实战中操作心法不到位的人，常常在关键时刻栽跟头或是错失机会。这部分希望每个人都能好好体会。

日、周线为基础，才能赚大钱

本书由浅入深，由宏观入微观，前后有关联，彼此互相呼应，知识体系呈螺旋式上升。这样的学习方式，能让读者学习的时候，在脑中建构起一座完整的大楼，而不是碎片化的小房间。打稳基础，进步就会非常快。

本书所教方式可以帮助你操作大波段，捕捉最佳的进出场价格，让你处于获利最多、风险最小的位置。适用于各种投资产品，包含国内外股票、交易所交易基金（Exchange Traded Fund，ETF）、外汇、原物料、贵金属等，但是每种投资产品的特性不同，还是需要选择适合自己并且了解的投资产品。

在操作周期方面，本书的范例以日线及周线为主。日线、周线的波段较大，因此我鼓励读者把周期拉长，不要在短线的蝇头小利上打转。当然，本书教授的方法可以运用在长短不同的操作周期上。

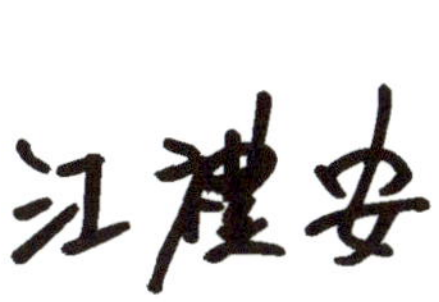

目 录

第一章

我的操作之路

我在大学时代读过250本以上的投资类书籍，但是实际下场操作中，还是有多次赔光的惨痛经历。我不断地修正自己的操作方式，发现一套良好的操作系统有以下几个特点：

1. 每个人都能学会；
2. 胜率高；
3. 风险报酬比高；
4. 进出点位明确；
5. 不需要专门买软件；
6. 不需要专门买数据；
7. 没有赘招。

我毕业于台湾中正大学机械系，读大学的时候，我看了一本书名为《富爸爸穷爸爸》的书，书中提到，如果你想要赚大钱，只有两条路：第一条路是让别人帮你工作，也就是成立企业自己当老板；第二条路是让钱帮你赚钱，也就是靠投资致富。那时，我只是个大学生，根本不懂什么叫作成立企业，但我发现只要年满18岁，就可以去证券行开户投资股票，没有什么其他门槛，不管你有什么背景，或是你有多少资金，我想这样就可以让钱来帮我赚钱。于是我把图书馆中几乎所有投资财经相关的书籍都看了一遍，直到毕业的时候才发现我竟然借过超过250本投资类书籍。

以前，老师、学长常说，机械行业是“工业之母”，机械专业的学生很容易找到工作，事实上的确是这样。但我发现机械相关的行业不外乎就是传统产业和科技业，传统产业上班时间较固定薪水少，而在科技业当“爆肝”工程师，根本没有生活质量可言，这些都不是我想要的！而且不管是哪一种，都不可能在该行业赚大钱，所以我毕业后没有进入机械行业，而是把从小存的压岁钱和当兵存的钱全部投入了一个市场，进行外汇保证金交易。

外汇保证金在中国台湾地区一直都没有合法的经纪商，直到这两年中国台湾地区才有合规的外汇保证金交易，所以那个时候我只能找中国香港、英国或是美国等地的经纪商。这其中一个很大的风险是这些经纪商中有的是所谓的空中交易所，俗称对赌行，这些进行交易的单子，并没有进入金融市场，而是在证券商公司里做买空卖空的交易，可能是和公司对赌，也有可能是和其他客户对赌。虽然这种做法在国外是合法的，但如果选错交易平台，也很有可能遭遇卷款潜逃，而这些经纪商都在国外，要追讨也不容易。不知道现在的状况是不是好了一些，毕竟从那次经历之后，我再也没有进行外汇保证金交易了，因为“赔光”了。

那个时候，我开户的那一家公司，提供了 200 倍的杠杆。简单来说，就是今天买 200 块的欧元，你只要付 1 块钱保证金，就可以交易，200 除以 1 等于 200，这就叫作杠杆 200 倍。如果这 200 块的欧元涨到 201 块，那你投入的 1 块钱就赚了一倍。相对地，如果 200 块的欧元跌到 199 块，那么你的保证金 1 块钱就全部赔光了。

那如果跌到198块呢？这就叫作“爆仓”，你要再倒赔1块钱，如果你不补钱进去，之后就不能再交易了。这就是杠杆的双面性，赚的时候，给你杠杆倍数的获利，赔的时候，你要承受杠杆倍数的损失。

永远不要轻视心理压力对实际操作的影响

我当时心想，我看了250本左右投资类的书已经很厉害了，进入市场一定绰绰有余。看到网站上有仿真交易账户后，我就马上下载下来练习交易，我给自己定了一个目标，如果我的操作能把模拟账户的本金翻倍，那么我再来下实单，这样应该是很保守的做法，以后进市场就可以无往不利。但事实上现在回头看，这里隐含了很大的问题。这种先操作模拟账户的做法还是有几个弊端：一是因为钱是虚拟的，所以赔钱也不会心痛，操作时根本不用考虑资金管控，随意重仓，认为这样赚钱比较快；二是觉得钱是假的，想赶紧用真钱交易，心情浮躁；三是当时根本没有一个完整的交易系统，虽然那些技术指标和理论，每个都懂，每个都能谈上几句，但事实上都是花拳绣腿，就像是有些人看球赛说得一嘴好球一样，真到上场的时候，怎么能跟职业选手比呢？模拟账户赚赚赔赔，但一两次的满仓，就让我账户翻倍了。我那时还沾沾自喜，觉得自己可能很有天分，马上就投资了5000美元，当时差不多就是我的全部身家。我苦撑了半年，最终还是破产了……可能我看的那么多书还是有一点用处吧，让我可以撑得久一点，要不然可能一个礼拜或一个月就“毕业”了。

当初和家里说好，我要尝试在投资市场进行实操，如果可行就继续做，不行我就乖乖去上班，结果，赔光了，操作美梦宣告破灭！我去了期货投资公司当期货经纪人。当初选择操作外汇保证金，就是觉得自己本金少，而股票金额大，涨得又慢，当然要选择这种高杠杆的交易品种赚得才快啊！事实上这种想法就是自掘坟墓！对于期货，我以前只在学校修过期货选择权的课程，没有实际操作过，并不熟悉，觉得应该可以进这个行业看看。那时候心里想，进入这个行业就可以学习到很多操作技巧，但进入行业以后才发现这和证券市场是两个世界。

原来当期货经纪人或者是证券营业员，不需要具备操作技巧，而是需要业务能力和运气，找人来开户，找人来下单就好了，跟操作技巧一点关系都没有。但做一天和尚撞一天钟，我还是很认真地上班。这段日子，也经历了一些很有趣的故事，遇到过签香港六合彩的客户，他们在代操（代客操作）外汇（原来把赌金汇到国外，就叫作外汇）；还遇到过想要帮邻居代操的有趣客户。

真正的转折点是凤山体育馆举办的一场投资讲座。那次讲座大概去了 5000 人，我也去了现场发传单，偶遇了另一个也在发传单的人，我把我的传单给他，他也发他的传单给我。我一看他的传单上宣传的是一个技术分析的讲座，我想我对技术分析也有兴趣，而且可以去现场发传单，一举两得。

但没想到这个免费讲座竟然打动了我，因为主讲人讲的东西，竟然是我看了那么多书也完全没接触过的知识，所以我决定去报名这个课程，也是这个课程让我走上现在的操作之路。虽然我现在使用的操作系统，也就是我的操作技巧没有一招是课程里教的内容，但这个课程给了我很多在技术分析上的启发，我非常感谢这个课程。

后来我辞掉工作专心“练功”，一天看盘 10 个小时以上，有时甚至一天看盘 14 个小时，没开盘就看国外商品、历史线图，这样的“练功”持续了至少 4 年以上。直到现在，我看过的投资类书应该有三四百本，也陆陆续续上过很多的课程，学习技术分析至少花费了数十万元。所以我认为，机会的出现也许是偶然，需要运气，但成功不是，成功除了需要机缘，更需要坚持不懈的努力。

记住！你永远都会出错，只是可以降低出错概率

现在我已经操盘十年了，当全职操盘手也有六七年，并且开始进行教学工作，我现在的操作是以台湾股票大波段操作为主，权证和台指选择权为辅，因为股票是操作起来较简单（商品属性的原因）、风险相对低（主要是杠杆的原因）的商品，加之台湾市场容易出现涨停死锁这种超额报酬（这在其他商品交易市场较少发

生），以及开盘时间不长，不用24小时战战兢兢担心行情的波动，波段操作也需要每天都盯盘，而且关注的都是最大段的行情。但是不是其他商品就不适用了呢？当然不是。重点不在于操作的商品，而是要有一个完整的操作系统，因为价格波动的规律像春夏秋冬一样是大自然的规律，所以只要是有K线图的商品都可以操作。

不过在这里我并不鼓励大家像我一样，因为一开始全职操盘没收入时，会迫切想要赚钱，丧失冷静，而做好操盘工作的要素之一就是心平气和，因此汲汲营营想获利就容易陷入过度交易，这样在操作心态上就已经走歪了。我在一开始全职操盘时，本金一度还被腰斩过，承受了非常大的压力。

一般对于想学操盘的人，我会建议他先要有收入，先让自己能温饱，同时要拨出时间学习，学会了以后，还有富余的收入可以增加资金仓位，这样一举数得，不容易让自己陷入一旦亏损就无法正常生活的窘境。同样，也不要对操盘有一夕致富的幻想，操盘比的是气长。之所以有爆赚的惊人事迹出现，是因为这些高手已经有了稳定的操作技巧和操作心态，能在关键行情逮到机会。而不是进入市场，就每天幻想自己一夜暴富，那是不切实际的。我们可以期望自己把基本功练好，掌握我们可以做到的行情，少犯一点错（你没听错，再怎样都会有做错的时候，如果你可以一个月都不犯错，你就可以比比尔·盖茨有钱），这样在市场上已经是前1%的顶尖好手了。如果有机会爆赚的话，感谢老天，多做布施，其他部分尽人事听天命。俗话说："命里有时终须有，命里无时莫强求。"这样才不会让市场的起伏影响到生活。

我把多年来学习到的技巧，化繁为简浓缩成精华，也就是我现在所用的操作系统。

我认为市面上的书最大的问题是信息爆炸，一般读者没办法分辨，哪些信息是有用的，哪些信息是没用的，哪些信息比较重要，哪些信息相对次要。所以读者就需要花大量的时间整合归纳，才有可能将书里的东西变成自己的东西，而不是每个人花时间归纳，都可以归纳出所以然，因此学习一套完整的课程，才是最省时，也最省钱的方式，因为学会对的技巧可以避免赔不必要赔的钱。

7 个项目分析操作系统的好坏

在此列举 7 个项目来分辨你掌握的是不是一个好的操作系统：

- 每个人都能学会；
- 胜率高；
- 风险报酬比高；
- 进出点位明确；
- 不需要专门买软件；
- 不需要专门买数据；
- 没有赘招。

＊每个人都能学会

这一点听起来像是废话，但是真的有很多操作系统，就算你学过，也不太懂。譬如说，有些操作系统是看感觉的，没有办法量化。比如盘中极短线的操作法，看到买卖盘有一些速度上的变动，就去做动作，这种操作法一般人非常难学会，但会用这种方法的人就会赚钱，所以这算是一种能力，但不算是一种系统。会用的人可能用得比较习惯，但不是人人都能学会使用，因此这样的操作系统不算是好的操作系统。

＊胜率高

事实上操作胜率不高也可以赚钱。比如你在 10 次操作中只赚了 2 次，但是这 2 次都赚 10 块，赔的那 8 次，都赔 1 元，整体赚 12 块，是不是胜率不高也可以赚钱？因此胜率和赚钱的关系不是绝对的，但是这会对人的心理产生影响，如果前面 8 次都赔钱，你应该也不敢下单了。因此胜率高可以安抚心理上的不安，一般的操作系统胜率六七成算是合格。

＊风险报酬比高

假设我们每一次的损失都是固定的 1 块钱（因为可以止损），每次获利可得 5 块钱，那么就算连赔 5 次，只要赚一次就损益两平了。如果一次获利 10 块钱，那么就算连赔10次，只要赚一次就损益两平了。一般的当冲短线操作，风险报酬比通常是2：1，即赚2块钱赔1块钱，或3：1，即赚3块钱赔1块钱，这样的风险报酬比就非常好了。但如果是波段操作，可以将风险报酬比拉高到10：1、20：1，运气好的话甚至可以到100：1至200：1，因此我才会特别鼓励波段操作。风险报酬比高的话，就算连赔很多次，只要赚一次就损益两平，心理负担就会小很多。如果配合高胜率方法，即一种提高获利的方式，也比较容易站在获利的那边，这是一种降低心理压力的同时也可以提高获利的方法。

* 进出点位明确

一个好的操作系统，无论什么人看点位，一定是一样且明确的。但有的操作系统显示的进出点位是在某一个区间，或是在某一个状况附近，很模糊，会让学习的人无所适从。

* 不需要专门买软件

有些操作系统一定要买它的配套软件才能使用，而且软件中只显示买卖点，你无法知道买卖的原理，这样的操作系统就不会是好的系统。好的操作系统是让你学会方法以后，可以利用一般的线图来进行操作的。

＊不需要专门买数据

这和上一个项目有点类似，但有些操作系统不看线图，而是需要买一些数据，像是券商数据、大户数据或者是一些交易所的数据。一个够强大够简化的操作系统，应该是不需要看这些信息就能使用的系统。

＊没有赘招

在这个市场上，如果待久一点，你会发现高手都在某些位置进场，其中有一些位置是“一枪毙命”的关键点位，我们学各式各样的方法，只是为了找出那些位置而已。没有赘招是指，操作系统可以单刀直入，找出关键点位，然后进场，持续持有，最后出场。操作就应该这么简单且干净利落，而不是学一大堆招式。

第二章

完整操作黄金三角之操作系统——月台操作法让你胜多败少

在本章节，你将会学到：

1. 什么是最容易获利的图形；
2. 在充满不确定性的金融市场中，如何找到确定性；
3. 趋势扭转的两大关键条件；
4. 看穿涨跌真相，不再盲人摸象；
5. 价格波动的规律；
6. 技术分析的核心精神；
7. 为什么无须完全掌握技术分析技巧就可以获利。

价格波动规律

在学习操作系统之前，我们必须知道价格波动的规律，知道了价格走势的一定轨迹，才能拟定操作系统。

我们来看看图 2－1 展示的多空循环走势，我在每一个波峰和波谷都画了一条横线，你看出什么了吗?

图 2－1　多空循环走势

资料来源：凯卫 HTS。

我们稍后再来分析这张图。

显然我们进市场的目标是想要获利，在开始学习操作技巧之前，先要了解价格走势，了解最容易获利的图形，然后在市场上将它找出来。我说的是发现它，而不是创造它，然后跟随它，就容易站在获利的那一边。

上涨趋势中，任意一个点进场都会获利

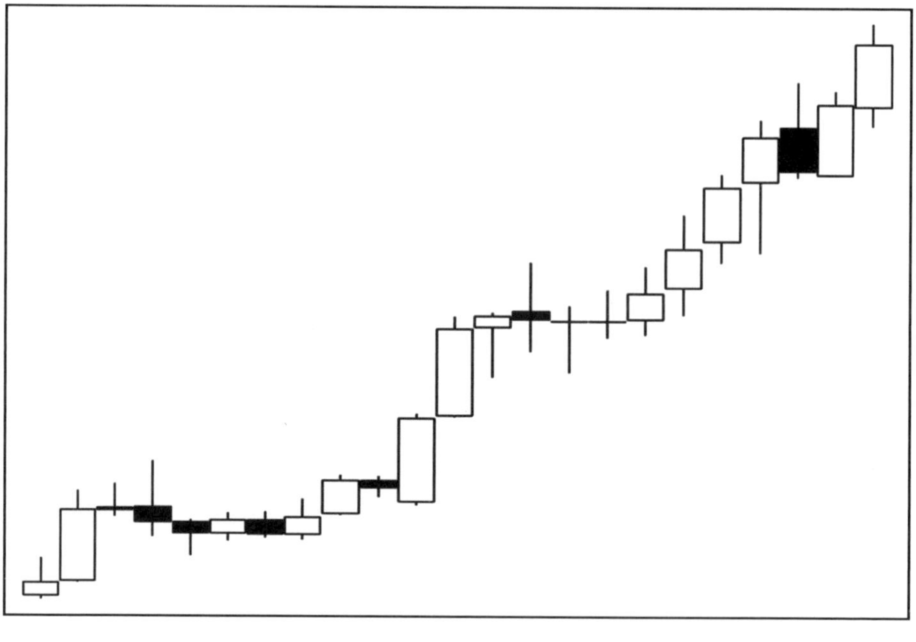

图 2－2　上涨趋势中 K 线形态

资料来源：凯卫 HTS。

＊最容易获利的图形

在一个上涨趋势中（见图2－2），上涨的K线用白色填涂，下跌的K线用黑色填涂。在这个图形上的任意一个点进场，然后持有，直到趋势的最后一根K线卖掉，都是获利的。因此我们只要能发现它，并在中途进场，接下来就只是赚多赚少的问题，这样不容易赔钱。

一个赔钱的可能，在你看到这个图形以后，在最后一根K线进场，结果隔一根K线趋势就反转了，此时我们就必须止损出场，这样才能大赚小赔。

在金融市场上可以做多，也可以做空。所谓的做多和做空，在期货市场里比较容易理解，如果你认为未来会是上涨趋势，那就买进做多，如果你认为未来会是下跌趋势，那就卖出做空，就好像是一个猜边的游戏，猜上或是猜下。

在股票市场也可以依葫芦画瓢，一般我们比较熟悉的就是看好股票未来会上涨而买进，那如果看坏后市，觉得这只股票会下跌，要怎么做空呢？我们可以向证券商借股票然后卖出，这就叫作“融券卖出”；未来股价如我们预期，跌到了比较低的价格，我们再去市场上买回股票，还给证券商，这个叫作“融券买进”或是“融券回补”。如果你还不太清楚具体如何操作的话，可以上网查询，或是向给你开户的证券商询问，他会很乐意帮你解答，这里就不花篇幅来做解释了。

下跌趋势中，任意一个点进场做空也都会获利

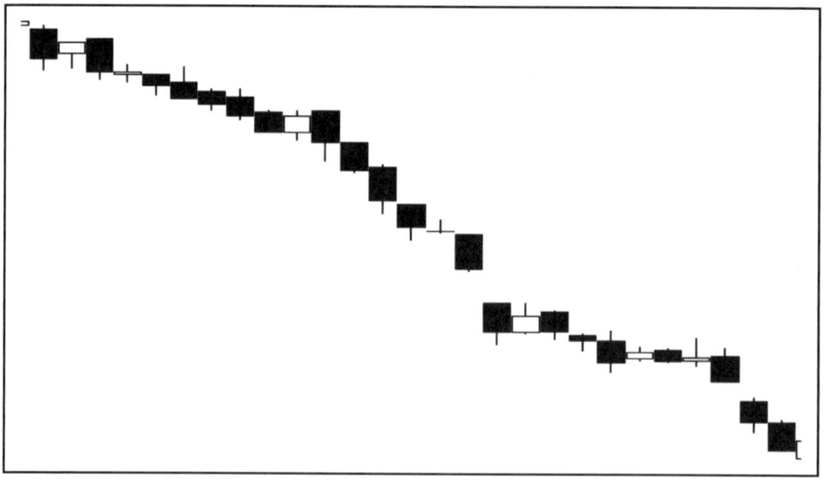

图 2－3　下跌趋势中的 K 线形态

资料来源：凯卫 HTS。

在一个下跌趋势中（见图 2－3），我们一样可以看到，在图上的任意一个点进场做空，然后到最后一根 K

线回补，最后是不是都是获利的？

很简单对不对？操作本来就是一件很单纯的事，我们需要做的就是把有机会变成如图 2－3 这样的图找出来，然后进场，设好止损点，知道怎么样退场。

但很多人无法理解这么理所当然的事，所以，我们的脑子就要先输入这种最容易获利的图形，不论用什么方法，最终就是把这种图形找出来，并在这种图形上操作。

＊多头趋势

我们把图放大再看看细部的结构，“底底高，峰峰高”是上升趋势（见图 2－4）。

多头的上涨趋势，也称作上升趋势，图 2－4 的每一个波峰标注了圆圈，在每一个波谷画了一条横线。你会发现每一个圈，都比前一个圈要高；每一条横线，也比前一条横线要高。

一个底比一个底高，一个峰比一个峰高，形成“底底高，峰峰高”趋势（见图 2－5、图 2－6）。

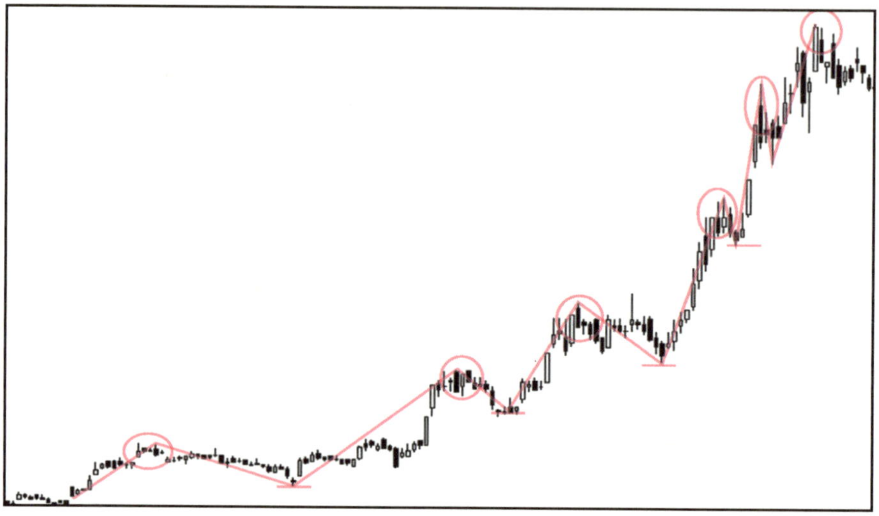

图 2-4　多头上涨趋势

资料来源：凯卫 HTS。

上涨过程中，都符合“底底高，峰峰高”

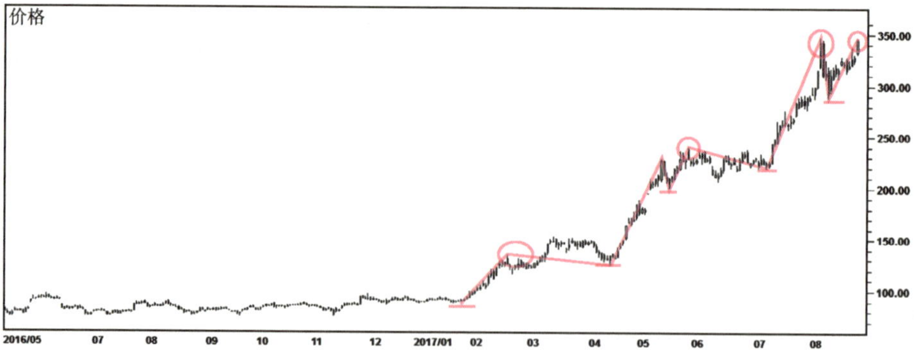

图 2-5　GIS（6456）2016 年 5 月—2017 年 8 月日线图

资料来源：凯卫 HTS。

上涨过程中，都符合“底底高，峰峰高”

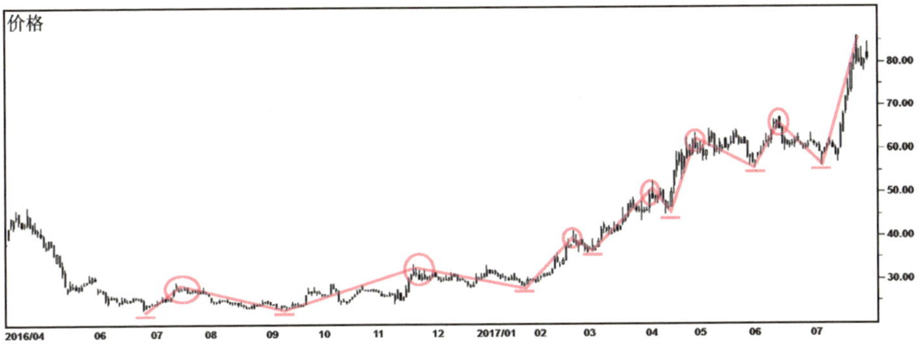

图 2-6 世芯（3661）2016 年 4 月—2017 年 7 月日线图

资料来源：凯卫 HTS。

我们回头看看这几只股票，把每一波的波峰和每一波的波谷画成折线图，它们都符合多头趋势“底底高，峰峰高”。虽然原理相同，但是由于波形不尽相同，我们还是很容易进场后就迷失，所以我们一定要清楚知道上涨的原理。

* 空头趋势

相反地，空头下跌趋势也称作下降趋势，每一个波峰，都比前一个波峰低，每一个波谷，也比前一个波谷低。一个底比一个底低，一个峰比一个峰低，形成“底底低，峰峰低”趋势。

如图 2－7 的价格走势，好像一度有上升之态，这要怎么处理呢？很简单，分段做，或是另找投资标的。

这种现象在上涨趋势和下跌趋势中“必定”会发生，这就是充满不确定性的金融市场中的“确定性”。

我们不知道未来的走势会如何，但如果未来的走势是上涨的话，就一定会符合“底底高，峰峰高”，如果未来走势是下跌的话，就会符合“底底低，峰峰低”。

下跌过程中，都符合“底底低，峰峰低”

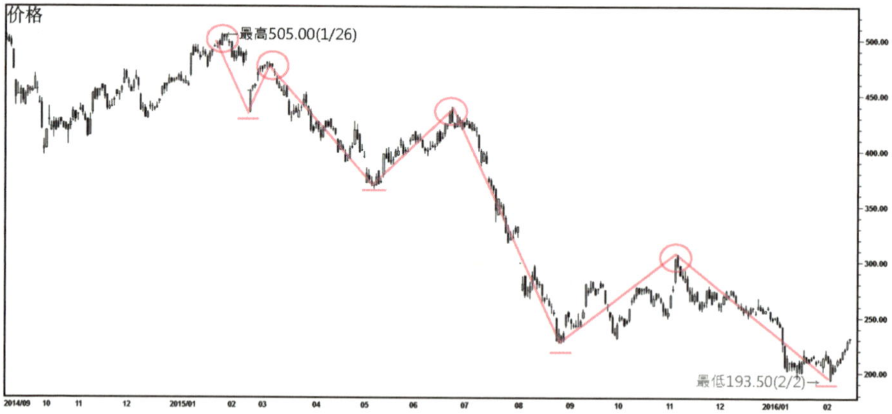

图 2－7　联发科 2015 年日线图

资料来源：凯卫 HTS。

知道这个道理有什么用呢？这就好像开车一样。沿着路走，方向对的时候，不用转向，当发现走错方向了，甚至要撞墙了，就要赶紧转弯。如果走势如预期，我们在对的趋势上，就不要轻易出场，而走势不如预期的时候，我们知道自己错了，就要立刻退场！

我们常常听到“操作要顺势操作”，追随对的趋势是非常重要的，也可以说技术分析的要点就是在找趋势形成后的买卖点，因此我们很有必要知道趋势形成的规律。

接下来我们就来看看什么时候趋势会发生改变、趋势如何发生改变，知道了这些才可以在趋势确立后第一时间进场和第一时间出场，不会买在最高点，卖在最低点。

＊多空循环的两大关键要素

我们了解了最容易获利的图形，也知道了如果我们在最后才上车，很容易就会遇到行情反转，造成损失。那么，有没有什么方法，可以在行情刚启动的时候，就知道趋势将发生改变呢？

这就要求我们必须了解行情什么时候会发生多空扭转，什么时候会由空头转为多头，或是由多头转为空头。知道行情何时扭转，我们就能及时上车，并掌握后面的行情。

当空头转为多头的时候，就会产生：

"底底低"→"底底高"。

"峰峰低"→"峰峰高"。

这两个条件顺序可以对调，哪一个条件先发生不一定，但当两个要素都出现以后，趋势就发生了扭转。我们来看一下图2-8的例子。

在图2-8中，原本下跌的趋势中（"底底低，峰峰低"），产生了第一个要素——"底底低"转为"底底高"；随后，走势超过了第二个圈，超过了以后，不用等到最后一个圈，我们就可以确定趋势由"峰峰低"转为"峰峰高"，原本下跌的空头趋势就扭转成为多头趋势了。多头的循环就是这样产生的。

在“底底高”及“峰峰高”相继出现后，空头走势结束

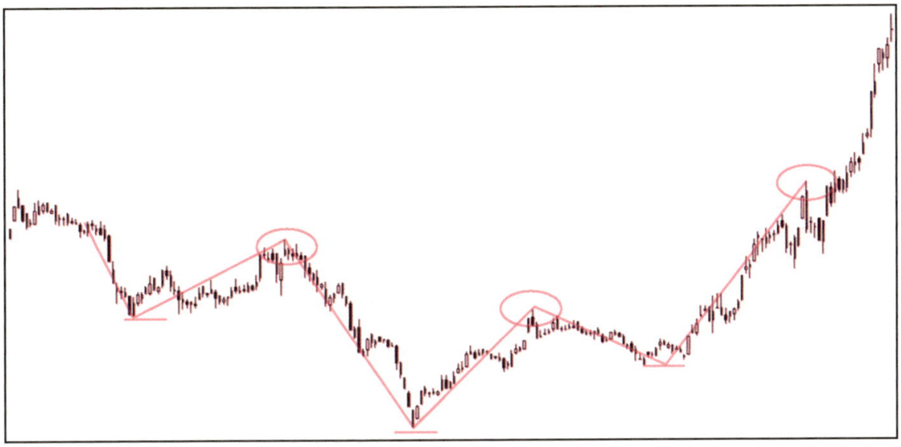

图 2－8　空转多的形态（一）

资料来源：凯卫 HTS。

我们再来看看图 2－9，它和图 2－8 有什么不一样呢？起初，行情一样是一个空头走势（“底底低，峰峰低”），重点在于，这一次是先“峰峰低”转“峰峰高”然后才是“底底低”转“底底高”，两个要素发生的顺序不同了。当两个要素都出现以后，我们可以从最右边画横线处的底，确定空头趋势结束，转为多头趋势。

出现“峰峰高”，再出现“底底高”也代表趋势的改变

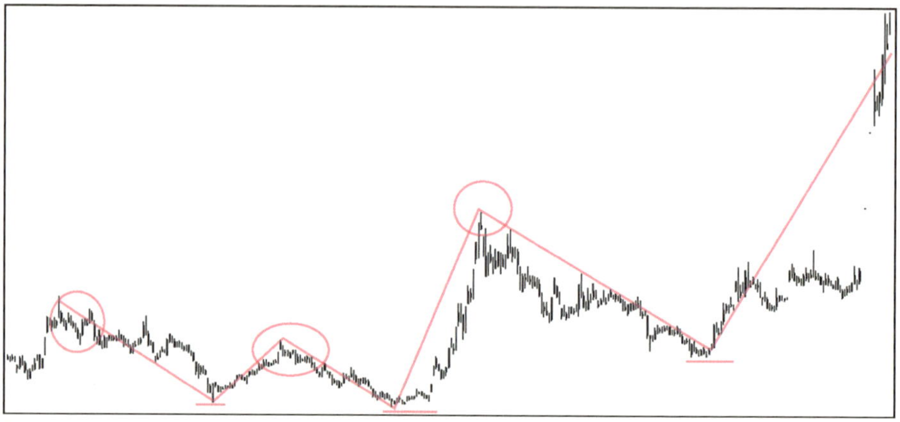

图 2－9　空转多的形态（二）

资料来源：凯卫 HTS。

当多头转为空头的时候，就会产生：

“底底高”→“底底低”。

“峰峰高”→“峰峰低”。

这两个要素顺序可以对调，不能确定哪一个条件先发生，但当两个要素都出现以后趋势就发生了扭转。我们来看图 2－10。

在图 2－10 中，原本上涨的趋势中（“底底高，峰峰高”），产生了第一个要素，“峰峰高”转为“峰峰

低”；随后，走势跌破第二条横线，破底了以后，不用等到最后一条横线，我们就可以确定趋势由“底底高”转为“底底低”，原本上涨的多头趋势就扭转成为空头趋势了。空头的循环就是这样产生的。

图 2－10　多转空的形态（一）

资料来源：凯卫 HTS。

我们再来看多头转空头两要素发生顺序对调的情形。

在图 2－11 中，先出现了“底底高”转“底底低”的现象，再出现“峰峰高”转“峰峰低”。

图2－11　多转空的形态（二）

资料来源：凯卫 HTS。

现在我们再来看多空循环图（见图2－12），是不是一目了然了呢？从左边开始，上升趋势——“底底高，峰峰高”；到了最高点出现了多空扭转，由多转空——“底底高”转“底底低”、“峰峰高”转“峰峰低”，进入下降趋势——“底底低，峰峰低”，到了最低点出现空多扭转，由空转多——“底底低”转“底底高”、“峰峰低”转“峰峰高”。

所有金融市场的商品都符合这个价格波动的规律，不断地循环，所以历史会不断地重演。技术分析就是在

图 2－12　完整的多空循环示意图

资料来源：凯卫 HTS。

其中找到对的点位上车。

图 2－13 是 2006—2017 年日元的周线图，你来判断一下，是不是一样符合价格波动的规律呢？行情从左边的高点转空下来，进入空头趋势，到低点以后，出现了空转多的两个要素，先出现“底底高”，再出现“峰峰高”，之后转为多头趋势，过了最高点，又出现了“峰峰低，底底低”，发生多转空进入了空头趋势。

日元的周线也适用价格波动的规律

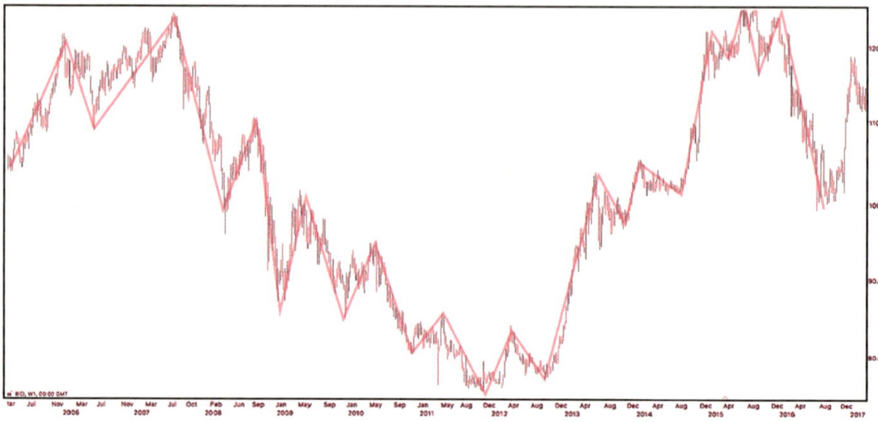

图 2-13　2006—2017 年日元的周线图

资料来源：凯卫 HTS。

金融市场的商品走势就像春夏秋冬：

春天播种——底部进场。

夏天耕耘——多头趋势续抱。

秋天收成——多转空确立出场。

冬天储藏——空手等空头趋势结束，等待下一次进场机会。

短短的几句话，已经道出整个操作的精髓，如果你是老手，一定心有戚戚焉；如果你是新手，记住这些话，等到你领悟到个中奥秘，就会变得很熟练。

月台操作法

接下来我们用另外一种方式来诠释价格走势的波动，而这种方式也可以帮助我们建立起初级交易系统。

我们都知道价格的走势永远只有3个方向：一是向上；二是向下；三是盘整横向发展。盘整横向发展会局限在一个区间内，就像是火车进入了月台，准备接下来向上或向下出发。当火车驶离月台，就会变成北上列车或是南下列车。

如果用火车与月台比喻价格的走势，就是火车一直不断进入月台，之后驶离月台，在北上或是南下两个方向间交替循环。我们直接来看图2-14。

在传统技术分析中，形态分析是比较常用的方法，主要有3种类型：头部、底部和中继形态。

股价走势只有 3 种：上涨（北上列车）、下跌（南下列车）及盘整（停在月台）

图 2－14　股价走势三种形态

资料来源：凯卫 HTS。

在底部形态完成后行情就会上涨，头部形态完成后行情会下跌，中继形态则是延续之前行情的方向，整理完继续前进。

而头部形态又可以细分为 M 头、三重顶、圆形顶等，底部形态又可细分为 W 底、三重底、圆形底等，中继形态也有很多种，有旗形、楔形、箱形等，详细展开，都可以另外写一本书了。但是在任何位置都可以用“月台操作法”，根本不用管现在是头部形态、底部形态还是中继形态（因为这都是事后才知道的）。

我们只需将盘整区间看成月台，然后观察后续走势往哪边发展即可。因为火车未来只会往两个方向开，当火车进入月台后就等待，等火车发车了，我们再爬上去，要不然还不知道方向就急急忙忙地上车，不是很危险吗？

打个比方，如果火车从屏东出发，到了高雄，我们想要北上，看它准备往台南开了，这时我们选择上车，如果方向对了我们就继续坐在车上，如果往屏东开呢，我们就要赶快跳车，也就是止损卖出。因此只要观察月台，顺着火车行驶的方向操作，自然就会站在对的那边。不用钻研形态学，关注价格波动原理，观察月台，看火车往哪儿开就够了。

＊多头月台

如图 2－15 所示，行情从最下面的盘整区间出发，就像火车驶离月台，进入下一个月台休息停靠，之后出月台继续开，再进下一个月台停靠，就这样持续下去，要开到哪呢？不知道，最好一直开下去吧。

只要知道离开月台的方向就够了

图 2－15　多头月台范例（一）

资料来源：凯卫 HTS。

不同的股票，却出现一样的价格走势现象，这就是技术分析奏效的原因。如图 2－16 所示，我们可以看到这只股票从底部月台出发，一路上经过一个又一个月台，上升趋势不断延续，一直到最后一个月台，到此就结束了吗？不用预设立场，北上列车反向出月台，转为南下列车，那就代表方向改变了！我们就要赶快下车。如果继续往北开呢？那我们就继续待在车上不就好了吗？操作就是这么简单！

只看眼前离开月台的方向，不要预设高低点

图 2－16　多头月台范例（二）

资料来源：凯卫 HTS。

＊空头月台

空头走势中也是一样的，只是北上列车变成南下列车，当空头趋势确立后，列车就会不断往南开，直到趋势发生改变。

如果行情在最后一个月台开始北上，那么我们就知道空头趋势暂时结束了。如图 2－17 所示，行情出现空

头趋势，连续南下，在最后一个月台变成北上，空头趋势暂时结束。

趋势的反转，也只看出月台的方向

图 2－17　空头月台走势

资料来源：凯卫 HTS。

到这里我们可以先做一个简单的总结，前面提到的“价格波动规律”和“火车与月台”，事实上是同一件事。

＊月台的画法

价格走势上涨到一个短期高点然后回档到一个短期

低点，再继续上涨，形成一个 N 字形的转折，而这个 N 字形的转折处，就形成了峰和谷，如果趋势延续，是不是就能发展成前面所说的“底底高，峰峰高”？同时，连接峰和谷的水平延长线就可以形成一个区域（月台），一个月台需要涵盖这个区域的每一根 K 线，这才是一个完整的月台画法。而空头中的下跌趋势则是相反的。

那么为什么要分“价格波动规律”和“火车与月台”两种方式说明呢？

“价格波动规律”是本，无论价格如何波动，必定符合其规律。但是要利用波动规律本身进出场，就有一定难度。因为你不会知道每个峰和谷在哪里才会出现，因此我们只用价格波动的规律来确定趋势，确定趋势后才知道要站在哪一边。

而“火车与月台”则可以发展成买卖策略。虽然只要有一个 N 字形转折，就可以通过转折点把月台画出来，但如果要将其当作进出场策略，我们倾向于找一定价格区间内的 K 线，把它们横向排列，形成拥有一组 K 线的月台，而不是找只由一个峰谷产生的简单月台。因此后面提到的月台，大部分都是这种区间明显、一目了然的月台方块，如图 2－18、图 2－19 所示。

先找到月台，就容易判断走势

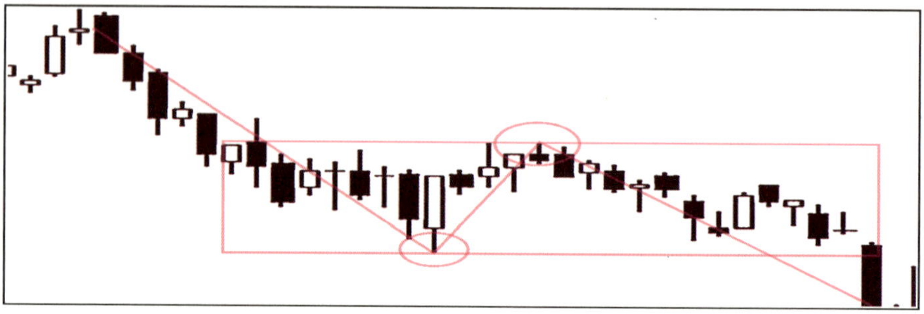

图 2－18　利用月台判断走势（一）

资料来源：凯卫 HTS。

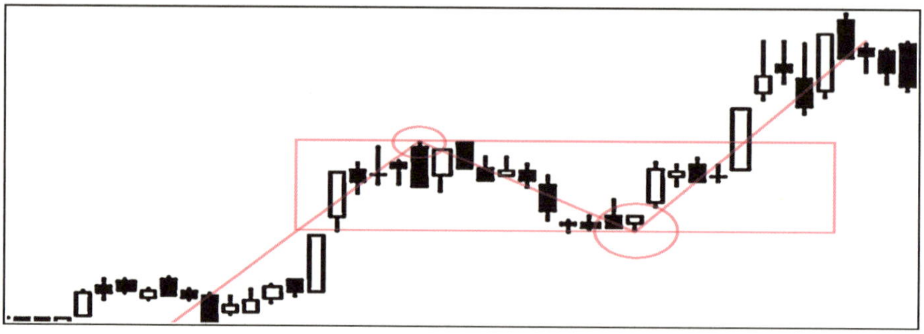

图 2－19　利用月台判断走势（二）

资料来源：凯卫 HTS。

而且在实际交易时，有时候并不会只是单纯用峰和谷进行判断，有时候会用收盘价，或是画一条水平线，如果这根线在区间内与最多的价格接触，就可将其当作月台边界。一开始学习的时候先用峰和谷定义区间，熟练以后只用肉眼就能划分出区间，灵活运用，效果会更好。

我们为什么要找这样的图形呢？因为行情在同一价格区间进行盘整后，重复的价格区间保持得越久，代表这个区间内买进卖出的人越多，这里价格的压力支撑越关键，那么走势出现的时候，力量就会越强，越容易产生“最容易获利的图形”，我们可以从大量的历史线图中找到规律。技术分析本来就是研究何处是风险低、获利高的位置，而月台这种类型的图形，就是风险低、获利高的位置。

＊入口与出口

操作熟练后，一定要知道在某一个地方进场后，应该在什么地方出场。像到了一个新的地方，只要知道入口和出口，进得去出得来，这样就够了，其他的事都不是最重要的。入口就是进场点，做多的买点，做空的卖点；而出口就是出场点，做多的卖点，放空的回补点。

技术分析不是为了买在最低点，卖在最高点，而是为了买在起涨点，卖在起跌点。在月台中，就是找到突破月台的那根K线。我们可以在当天盘中买进，如果快涨停了，那就直接买；如果涨幅只是3%、4%、5%，那就在下午一点后，快收盘时再做决定；如果盘后才看到，那就隔日挂涨停市价买进，买开盘价，如图2-20所示。

月台被K线以大幅度涨幅突破，当天可以买进

图2-20 月台区间内K线点位变化（一）

资料来源：凯卫HTS。

在进场后，我们就要开始观察后续走势的变化，如果走势如预期就继续持有，如果走势不如预期就应及时止损。止损点的设置有两种方式：

第一种，可以防守这根突破月台的K线最低点，盘中一有跌破就止损卖出。

第二种，可以防守这个月台的最下缘，也就是这波走势的最低点，盘中一有跌破就止损卖出。

第一种方式的优点是每次止损时损失较小，缺点是对行情的震荡容忍度低，容易被扫损出场，如果能坚持继续做下去，长期下来还是大赚小赔的。因为较容易被扫损出场，如果因连续止损信心受到影响，之后该进场时却没进场，会错失后面的获利，所以不可不慎重。

第二种方式的优点是不容易被扫损出场，只要趋势是对的，那么将来只有赚多赚少的差别；缺点是如果走势不如预期，发生反转，那么单次止损金额就会较大。因此采用这种方式，应该减少持有份额，否则止损几次后，一来没信心再进场，二来本金会受重伤。

如图2-21所示，行情在箭头处突破，出月台买进，两个月后，在第一个圆圈处，跌破当初买进的K线最低点，因此止损出场。如果没有在出月台后再买回来的话，就会错过后面的行情。

以突破月台的K线底部设止损位，容易被扫损出场

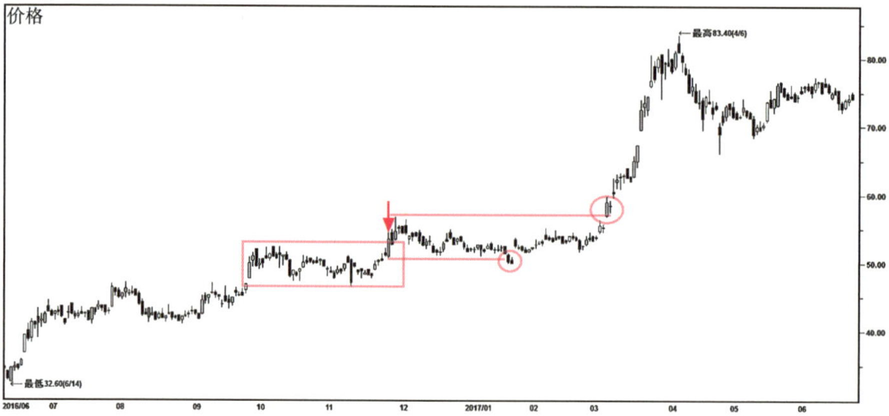

图2－21　月台区间内K线点位变化（二）

资料来源：凯卫HTS。

如果采用第二种突破月台底部的止损方式，那么就不用止损出场。

第一种止损方式，损失大约6%；第二种止损方式，损失大约13%。因此必须考虑自己的风险忍受度极限。记住！止损位是进场以前就需要明确的，不能盲目地往

前冲，永远要做最坏的打算，长期下来才能持盈保泰。

如果行情如预期，那么我们就继续持有，火车已经往正确的方向开了，就不要轻易出场，直到行情走到最后一个月台，如图2－22所示，在圆圈处反向出月台时获利出场。

除非出月台的方向改变，否则绝不出场

图2－22 月台走势

资料来源：凯卫HTS。

空头走势中的放空操作也是一样的，当K线跌破月台时，列车南下，止损位为出月台的K线最高点或是月台上界。与多头走势时的方式一样，要做止损的评估（见图2－23）。

当K线跌破月台时，可以做空，以K线高点为止损位

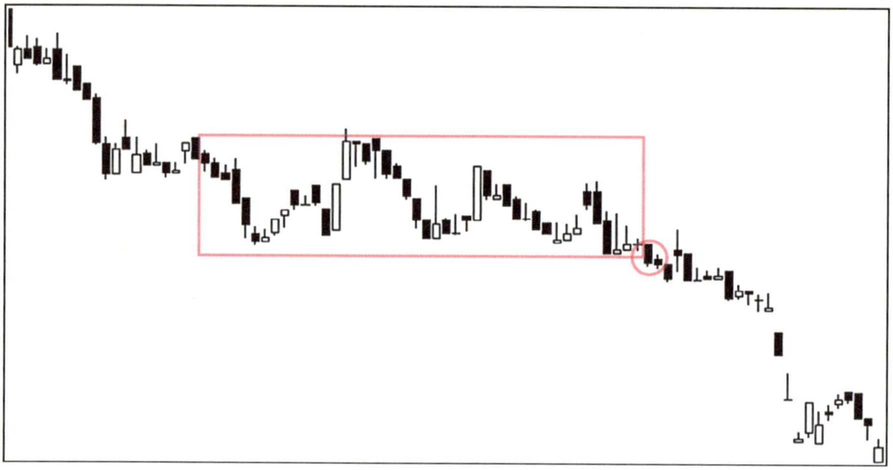

图2－23　空头走势中K线点位（一）

资料来源：凯卫HTS。

如果走势如预期，开始下跌，不需要止损出场，好好坐在南下列车里，耐心等待最后一个月台出现，不要如惊弓之鸟般急忙下车，行情反向突破的时候，列车开始往北开了，这个时候我们才下车，止盈出场（见图2－24）。这就是一次完整的空头操作。

一定有很多人要问为什么到第二个月台才做空？这是因为第二个月台出现后，趋势才会变成“底底低，峰峰低”，转为空头趋势。不要忘记前面的价格波动规律，那可是核心。

做空后，等K线向上突破月台再出场

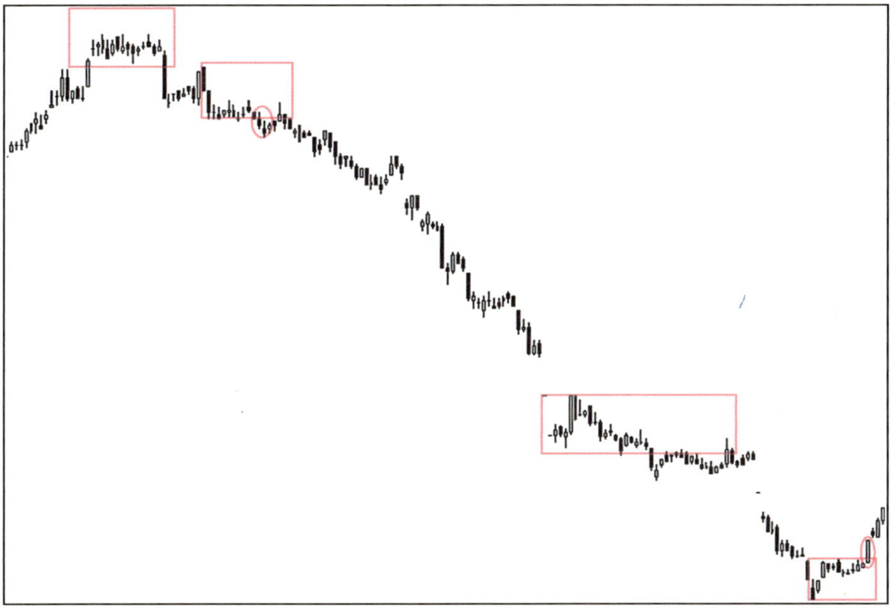

图2－24　空头走势中K线点位（二）

资料来源：凯卫HTS。

月台操作法深入探讨

如图 2－25 所示，该股从 2016 年涨到 2017 年，从 10 元涨到 75 元，我们把这段上涨的过程，每 5 元画一个小方块，变成横格状，如图 2－26 所示。像不像在堆积木呢？一直往上堆，越堆越高，是不是就像月台连着月台呢？看不清楚没关系，我们换一种方式再来看看。

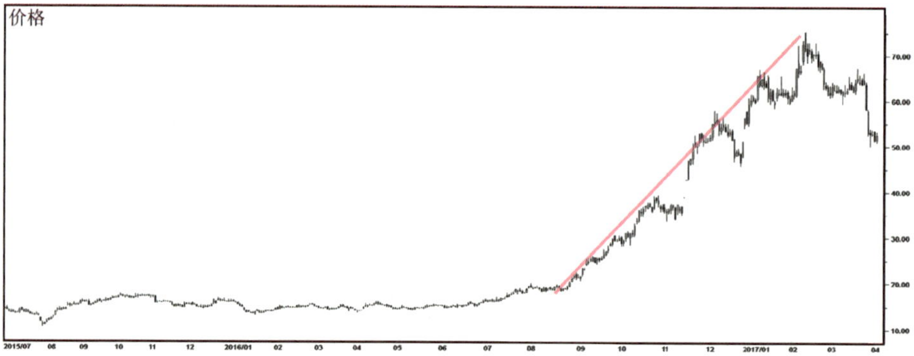

图 2－25　岳丰（6220）股价走势（一）

资料来源：凯卫 HTS。

我们把 K 线转化成 Renko 指标，Renko 指标是一种红买绿卖指标。它的原理很简单，看到上涨 K 线就买入，看到下跌 K 线就卖出并反手做空，不用管最高点和

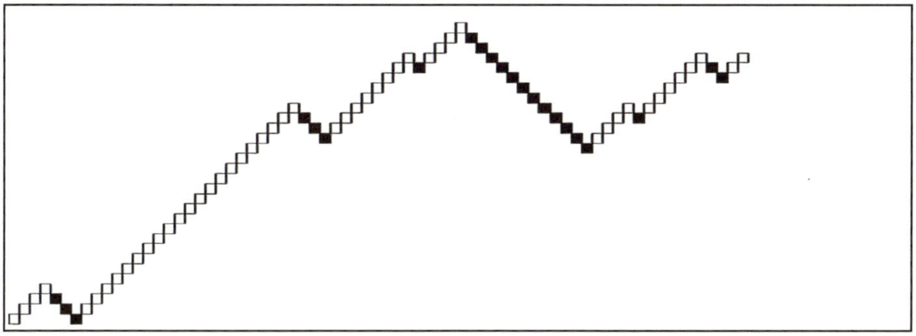

图 2－26　岳丰（6220）股价走势（二）

资料来源：凯卫 HTS。

最低点。只要今天收盘价上涨到固定的价格以上，就画一根红线，只要今天收盘价跌到固定的价格以下，就画一根绿线，如果今天收盘价没有超过高的固定价格，也没有跌破低的固定价格就不画。

从图 2－25、图 2－26 来看，在软件中设定以每 2 元为一个间距，收盘价涨 2 元以上就画一根上涨 K 线，涨跌在 2 元以内就不画，从上涨 K 线的下界跌 2 元以上，就以上涨 K 线下界为起始，画一根下跌的 K 线。所以在连续上涨过程中，就会不断出现上涨 K 线，一路都没有出现下跌 K 线，这种情况下可以从低点一直持有，直到出现下跌 K 线，再卖出。这是一种趋势指标，只要趋势出现，就可以直接赚到大波段的行情。但我并不鼓励大家用这种方式，因为在行情中间容易被洗出去，而且反转的时候被吃掉的获利也较多。不过我们可以从这种方法中学到一些东西。

用 Renko 指标画图，我们更容易看出，价格走势就像堆积木一样，一次堆一格，越堆越高，堆到高点以后开始反转，积木变成往下排列了，同样是一次排一格，越来越低。而如果把积木换成月台，不就是列车出月台后连续北上，到高点反转后，即列车出月台后连续南下了吗？

建立了这样的看图观念以后，再来看看本来的月台操作法。如果走势走得很顺，走成一条线，那么就产生了“最容易获利的图形”，这时候看上去没有月台出现，但开始盘整后渐渐就会出现月台，而当价格走势往上或往下出月台后，这个月台就变成了一块积木，下一个月台开始堆栈，堆栈月台的方式比 Renko 指标更符合自然状态，因为 Renko 指标是用固定的价格来设定的。但我们无法知道价格是涨多还是涨少，因此设定一个数值是比较不切实际的。倒不如用自然的波动来堆栈月台，这样更合理，也更直观。

那么我们再来看看月台实际的堆栈状况。

＊月台重叠

如图2－27所示，这段行情虽然是上涨的，也符合“底底高，峰峰高”，但是月台画出来后，发现彼此是重叠的，也就是说，上一个月台的底和下一个月台的顶，是有重叠的，这代表走势不够强，月台和月台中间没有出现“最容易获利的图形”，没有把两个月台的距离拉开，所以这种标的是次级品。

图2－27 月台重叠

资料来源：凯卫HTS。

在下跌趋势里也有月台重叠的现象发生，空头走势不够强，此时做空就会被震荡得很厉害，同时获利无法拉开，这也是做空次级品。

但实际进场时，我们不知道会不会选到次级品，所以如果手上是这样的标的，也不用太担心，按照前面所说的方式进出场即可，因为它还是符合价格波动规律的。

＊好彩头

如果两个月台像积木一样整齐地堆叠，后面的月台就像是踩在前一个月台的头上，我把它称为好彩头。出现好彩头的时候一定要特别注意，这是容易赚多赔少的位置，对风险的处理一样可用前面提到的止损方式。月台整齐堆栈，就像是站稳踩稳后再往上跳，因此后续上涨的机会变大了（见图2－28）。在第一次出月台时可以买进，如果没有买进，看到好彩头现象发生后，第二次的买点一样可以买。学会这招你大概比市场上九成的投资人厉害了。

出月台时向上喷出，是值得把握的好机会

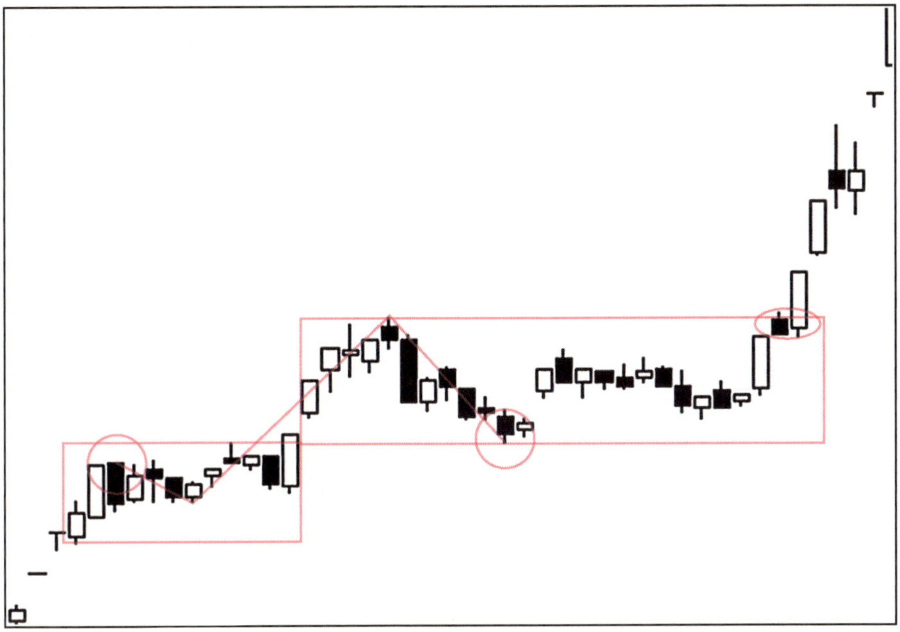

图 2－28　好彩头

资料来源：凯卫 HTS。

＊泰山压顶

有多头走势就有空头走势，如果两个月台像积木一样，不是往上叠，而是往下排呢？后面的走势弹起来撞到前面月台的底部，这样的两个月台我把它称为泰山压顶，这不是好彩头，所以也是重点观察项目。出现泰山

压顶时一定要好好把握这个机会，止损后进场。

如图 2－29，第二个月台反弹撞到第一个月台的底部，像打地鼠一般又被打下去，两个月台整齐往下排，出现了泰山压顶的现象。当第二次出月台的时候，进场做空，随后价格会顺着趋势往下走，这就是泰山压顶出现时做空的操作方法。

价格反弹，遇到上个月台的下限就下跌，这是放空的好机会

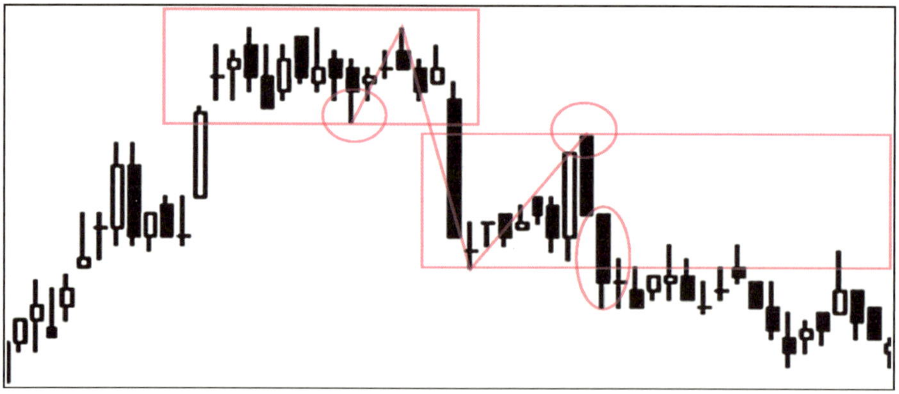

图 2－29　泰山压顶

资料来源：凯卫 HTS。

*月台不重叠

若行情像高铁一样高速行驶，那么月台的距离就会被拉开，出现月台不重叠的现象，甚至变成“最容易获利的图形”，连月台都无法画出，这是行情强势的象征。它会发生在多头走势中，也会发生在空头走势中。如果你发现你手上的标的有这样的情形，一定要继续持有，不要轻易出场，我们常常在金融市场听到汰弱留强的说法，把强的留下来，当然就是要留这种走势的标的（见图2－30）。

月台不重叠是强势多头走势及强势空头走势的象征

图2－30　月台不重叠

资料来源：凯卫HTS。

当出现月台不重叠现象的时候，我们希望“高铁”一直开下去，这样才是真正的顺势操作，在多头走势中是这样，在空头走势中也是这样，不用预设立场，不用目标测量，完完全全让市场告诉我们方向，让市场决定持有份额的增减，这样才是真正的跟随趋势，只有这样才能赚到钱，希望各位读者共勉之！

* 大小月台的运用

实战时，我们常常会发现月台有大有小，很多人会问，月台要有几根 K 线，答案是：不一定！直观就好！看出一组明显的 K 线区间就把它画成月台，然后观察后续走势即可，如果区间有变，那么再做调整。就像我们从 A 地开车到 B 地一样，行驶路线要根据道路情况而定，记住一个原则：找明显的 K 线区间就对了。

事实上月台本身就是一个水平支撑或水平压力，月台上界被突破了，那就代表压力不再是压力，月台下界被跌破了，那就代表支撑不再是支撑，也就是说月台操作法本身就是在做一种支撑、压力的转换操作。因此 K 线聚集明显的地方，就是支撑和压力比较强的地方。譬如一面墙，一定是厚的地方稳固，难以动摇，薄的地方往往比较容易损坏。

但不理解也没关系，不必紧抓着不放，这就是为什么从价格波动规律到月台操作法，我都没有提到压力和支撑，因为这并不是最重要的事。

如果一直看压力和支撑，那么行情上涨的时候，你一定会一直注意看之前的走势图是不是有压力，遇到压力的时候就想要卖出；下跌的时候，你一定会一直注意之前走势图是不是有支撑，甚至想要逢低买进，那么是不是违背了价格波动的规律呢？操作重点在于走势发生的过程，是否符合上涨趋势或是下跌趋势，以及是否符合列车北上或南下的走向罢了！

我们再回过头来看看大小月台，月台那么多，有时候会让你困惑，那何不把全部月台都画出来，再观察，进一步地，我们还可以发现月台的新用法。

如图2－31所示，该股在起涨之前，我们可以画出一个大月台，后来大月台被突破两次，第一次如果防守K线低点，可能要止损，第二次再进场，才会做到后面的行情。如果我们在下面尚未起涨之处画出小月台，出小月台就提早进场，既不用止损，买进得也更低，那么结果是不是更好？这就叫作操作系统的优化，把系统中不足的地方再强化。只是做简单的优化，就可以产生很好的效果，事实上操作到后面，你会发现最强的招式简单到不可思议。

在大月台中找出小月台，可以把握更好的价格进场

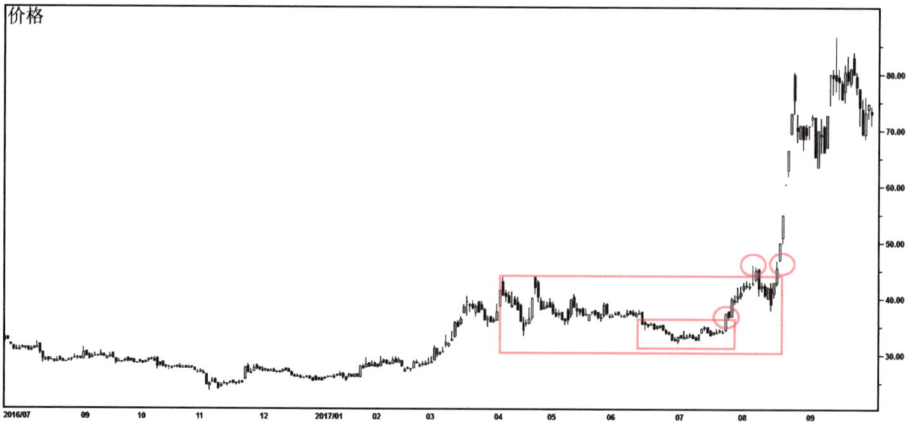

图 2－31　扬明光（3504）价格走势（一）

资料来源：凯卫 HTS。

如图 2－32 所示，在做空过程中，一样可以使用大小月台的方法。这个方法不仅进场时可以用，出场时也

可以用。我们顺势做空，当接近尾声的时候，最后一个大月台尚未出现反转，但是其中的小月台在箭头处发出了北上突破的信号，这是不是在说，做空的部位要回补了呢？我们拿这个小月台和最低点相比，是不是也出现了“底底高”？因此，此时就有可能发生趋势扭转，我们可以提早获利出场。

大小月台的方法也可以用于出场

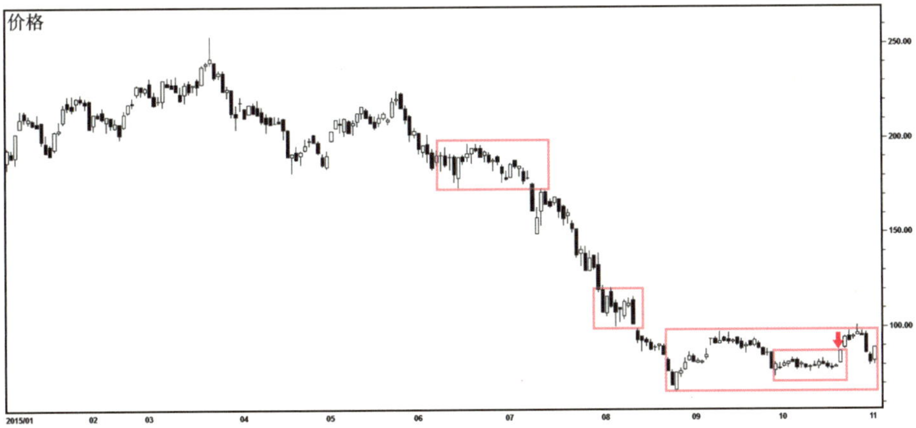

图 2－32　扬明光（3504）价格走势（二）

资料来源：凯卫 HTS。

有人会问，如果后来继续下跌呢？没有关系，运用南下月台的方式再进场就好，或是不做这个标的了，做别的标的，不用做这个标的的全部行情。

现在，你已经学会了：

· 在充满不确定性的金融市场中找到确定性，也就是价格波动规律。

· 最容易获利的图形。

· 上升趋势和下降趋势。

· 多空循环的两大要素。

· 月台操作法。

· 用更简单的方法破解形态学。

· 多头走势和空头走势的月台。

· 定义月台。

· 寻找入口与出口。

· 月台重叠。

· 好彩头和泰山压顶。

· 月台不重叠。

· 大小月台的运用。

实战案例解析

实战案例（一）

如图 2－33 所示，该股为台光电（2383）2016 年 1 月—2017 年 8 月日线图，从一开始，出大小月台，出现买点，买进后持续持有。中间经过了两个月台，直到从右起第二个月台出现让人不好分辨的走势，但还是维持

图 2－33　台光电（2383）日线图

资料来源：凯卫 HTS。

“底底高，峰峰高”的多头走势，所以不用出场。如果中间误将这个月台认作小月台而出掉了呢？没有关系，这样也是赚钱的。从进场处 B，收盘价 65 元附近，到这里也有 115 元了，报酬率大约为 77%，这已经是很高的报酬率了。如果继续持有，到后面反向出月台卖点卖掉，那么此时价格为 143 元，报酬率为 120%。

这个案例中，用了月台操作法并融入价格波动的观念，而报酬率却可以比一般散户，甚至基金经理人所获得的还要高。

实战案例（二）

图 2－34（a）是竞国（6108）2015 年 7 月—2016 年 5 月的日线图，当空头走势疑似到了尾声时，我们画出从低点开始的大月台做观察，此时尚未突破，走到 2016 年初，倒是出现了一个小月台的突破，因此我们可以利用大小月台的方式，提早试单，但是一样要守止损位。也就是买点 B1，出月台 K 线收盘价 13.25 元，止损价 12.55 元，最大损失 5.3%；买点 B2 也出了大月台，出月台 K 线收盘价 14.7 元，止损价 14.25 元，最大损

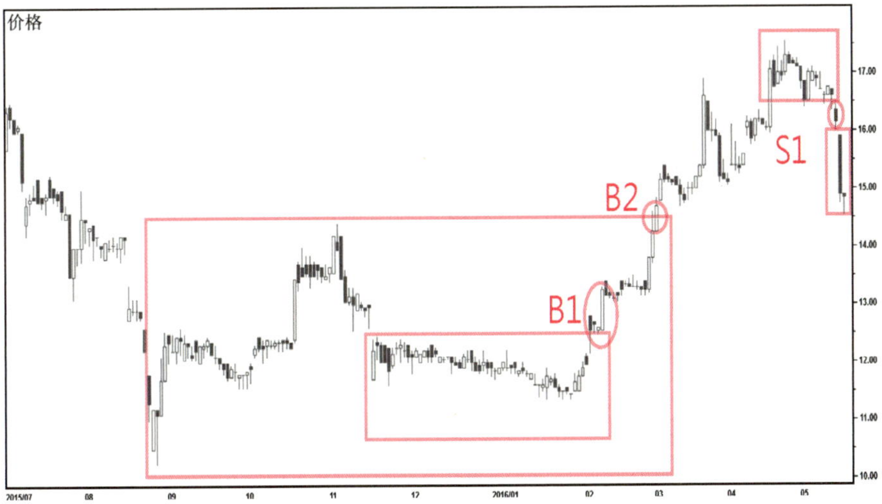

（a）竞国（6108）2015 年 7 月—2016 年 5 月日线图

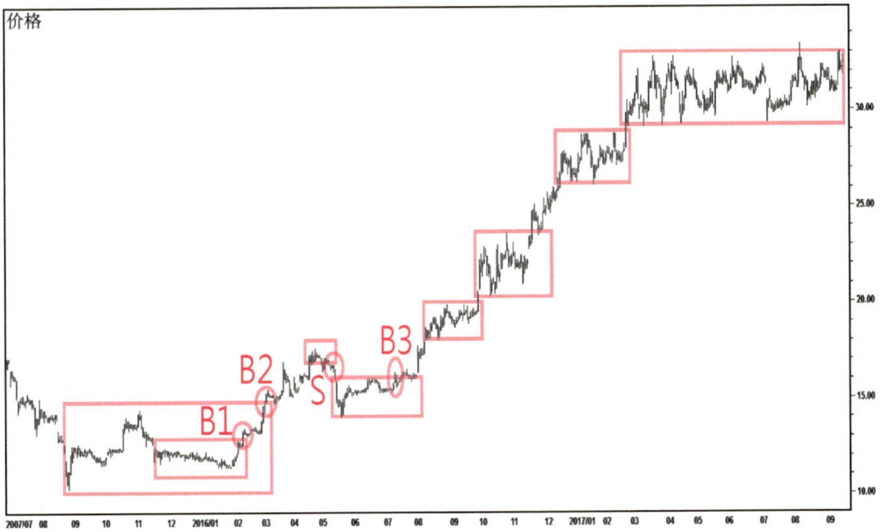

（b）竞国（6108）2015 年 7 月—2017 年 9 月日线图

图 2－34　竞国（6108）日线图

资料来源：凯卫 HTS。

失3%。此时可以加码，因为中间的走势符合“底底高，峰峰高”的上升趋势，所以要继续持有，直到后面有一个跌破月台的卖点出现，我们获利出场。这次波动比较短，我们还是要跟随，不要心存己见，行情好坏不是我们自己能决定的，做该做的动作才是最重要的。卖点以跌破月台K线收盘价算，为16.15元，买点B1，报酬率为21.9%，买点B2，报酬率9.9%。

如图2－34（b）所示，延续刚刚的走势，在出现卖点后，过了两个月，又酝酿出另一个月台，并且在2016年7月产生了一个出月台买点B3。此时进场，买在16.15元，止损价15.8元，最大损失2.2%，之后的走势顺利上攻，不断出现北上月台，一直到图形最后都还没有出现卖点，收盘价31元。假设跌破月台卖出，价格为29.3元，则报酬率为81%。如果后来持续北上月台，就继续持有，完全不用预设立场。

这里有两个重点：

第一，这些北上月台垫高的方式，是不是很像Renko指数图呢？并且是通过价格自然波动来产生月台方块的，反映价格的效率，比 Renko 指数图好。

第二，虽然前面已经有卖出信号，我们也卖出了，但是后来市场又出现新的信号，因此我们要继续追随市场告诉我们的信息，进场操作。技术分析就是等对的时机再做动作，不是通过别人之口，也不是通过电话线，而是仔细观察市场传递给我们的信息。

实战案例（三）

图 2－35（a）是亚光（3019）2016 年 4 月—2017 年 4 月的日线图，其在 2016 年下半年盘整了半年，2017 年初突破了大小月台，产生买点 B1，此时进场买进，收盘价 33.7 元，止损价 32.6 元，最大损失 3.3%。

如图 2－35（b）所示，该股买进后又盘整了大半年，直到 7 月底，出现北上月台，并突破小月台，产生买点 B2，收盘价 57.5 元，止损价 54.2 元，最大损失 5.7%。买进几天后，价格又突破大月台，产生买点 B3，收盘价 60.8 元，止损价 57.1 元，最大损失 6%。

（a）亚光（3019）2016 年 4 月—2017 年 4 月日线图

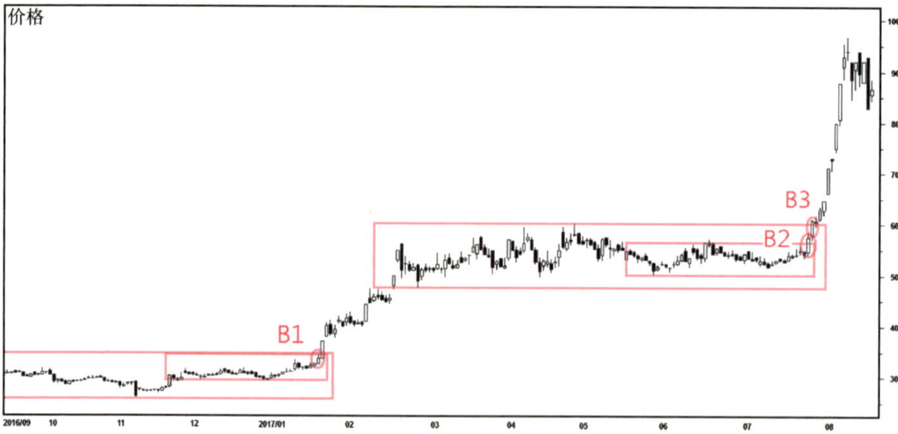

（b）亚光（3019）2016 年 9 月—2017 年 8 月日线图

图 2－35　亚光（3019）日线图

资料来源：凯卫 HTS。

一直到图形最后，都没有产生卖点，在 2017 年年底收盘价 128 元。买点 B1，报酬率 280%；买点 B2，报酬率 123%；买点 B3，报酬率 111%。就算错过了买点 B1，在 B2、B3 点买入的报酬率还是很惊人。

一定有人会觉得，并不是每一档标的都可以套用月台操作法，我同意。这也是需要及时止损的原因，不符合条件的标的就止损，买别的标的。偷偷告诉你，越是飙股，其图形往往越标准。大波段的操作，只要跟随对的趋势，就能保证获利，虽然不见得每次都会有大丰收，但只要配合我们后面提到的资金配置方法，大赚小赔是可以实现的。如果投资组合中，有一个这样的标的，那你的资金的整体效益基本上就会大幅提升。

实战案例（四）

如图 2-36 所示，加白裕（3323）在 2017 年 3 月初出现买点 B1，此时，收盘价 21.15 元，止损价 20.25 元，最大损失 4.3%。买进后，在 6 月出现买点 B2，收盘价 23.45 元，止损价 22.5 元，最大损失 4%。同时月台出现好彩头，B2 可以作为一个更确认的买点，之后北上列车继续开，月台垫高，继续持有，一直都没有出现卖点。

在 2017 年 10 月，买点 B1 的报酬率为 104%，买点 B2 的报酬率为 83%，符合大赚小赔的获利模式。

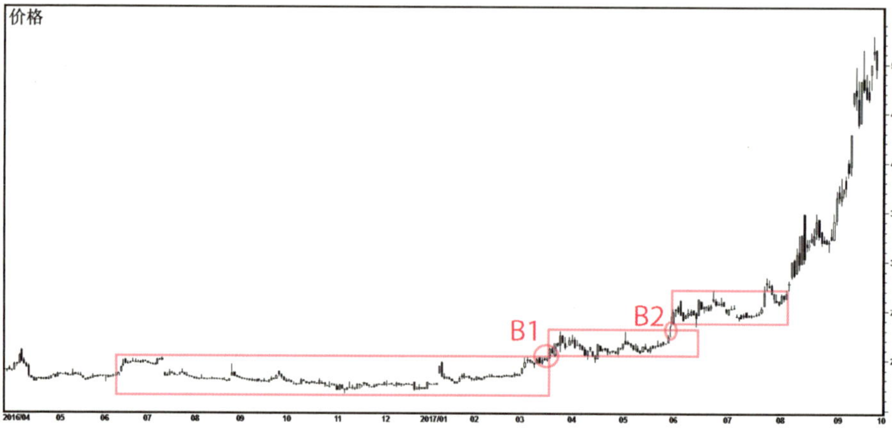

图 2-36　加白裕（3323）价格走势

资料来源：凯卫 HTS。

实战案例（五）

如图 2-37（a）所示，宏捷科（8086）在 2014 年初，出现买点 B1，15.1 元，此时止损防守买进 K 线低点 14.3 元，最多损失 5%。行情继续走，北上列车第二次出月台，出现买点 B2，19.3 元，止损防守买进 K 线低点 18.5 元，最多损失 4%。到了买点 B3、B4 处就要斟酌，我们最好在前面几次出月台时就买进，这样风险较低获利较高，从“最容易获利的图形”可知，越早上车，获利就越大，且越不容易出现买进后就反转的情况。B3、B4 处出现好彩头，可自行斟酌是否要进场。如图 2－37（b）所示，行情走到 S1 处出现卖点，43.5 元，此时，买点 B1 报酬率为 188%，买点 B2 报酬率为 125%，都符合大赚小赔的模式，如果没有被洗出场，则有机会在卖点 S2、S3 出场，报酬率将会更惊人！

如图 2－37（c）所示，在卖点 S1 出场后，在买点 B5 买回来，此时的收盘价 48.5 元，止损价 46.5 元，最大损失 4%。走势持续，出现卖点 S2，58.3 元，卖出获利 20%，一样符合大赚小赔模式。

（a）宏捷科（8086）2013 年 7 月—2015 年 1 月价格走势

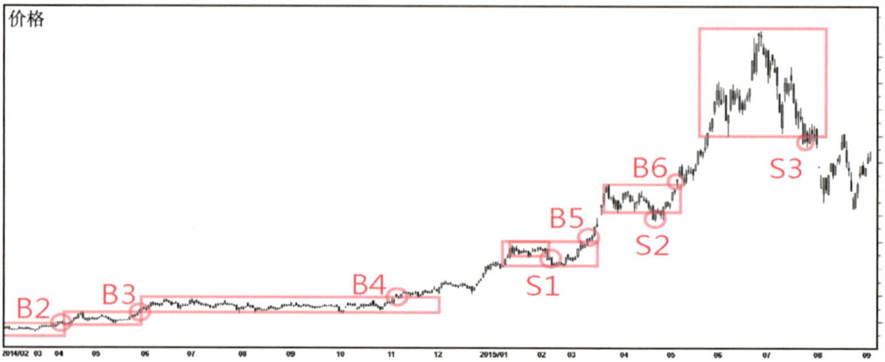

（b）宏捷科（8086）2014 年 2 月—2015 年 9 月价格走势

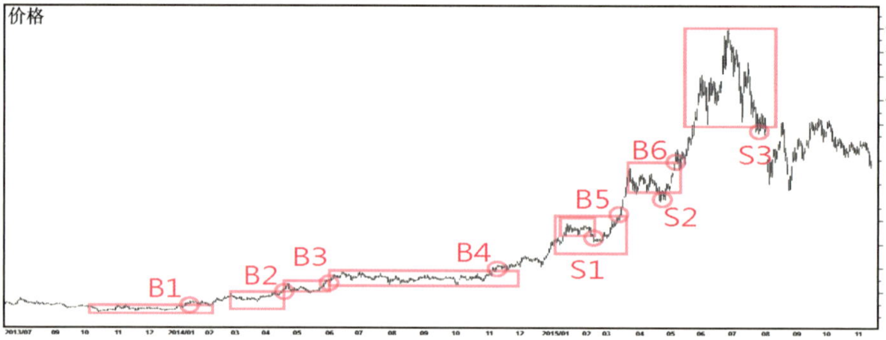

（c）宏捷科（8086）2013 年 7 月—2015 年 11 月价格走势

图 2－37　宏捷科（8086）价格走势

资料来源：凯卫 HTS。

卖出后，又出现买点 B6，73.8 元，止损价 70.7 元，最大损失 4.2%，出月台买进，直到出现卖点 S3，86.9 元，报酬率 17.8%。这个范例提示我们：

·出月台上车要越早越好。

·好彩头买点的观察很重要。

·中间 S1、S2 处就算被洗出场还是能获利不少，如果没有被洗出场，持有到 S3 处就可称为操作系统的优化。

实战案例（六）

如图 2－38 所示，玉晶光（3406）在 2016 年底出月台，产生买点 B1，65 元，止损价 59.1 元，最大损失 9%。北上月台持续，进入月台，再产生买点 B2，100 元，止损价 89.6 元，最大损失 9%。随后出现好彩头，再产生买点 B3，130 元，止损价 118 元，最大损失 9%。北上月台持续，行情拉开，再出现买点 B4，407 元，止损价 370 元，最大损失 9%。

在 2017 年 11 月前买点 B1 报酬率为 763%，买点 B2 报酬率为 461%，买点 B3 报酬率为 331%，买点 B4 报酬率为 37.8%，一样符合大赚小赔、赚多赔少的获利模式。

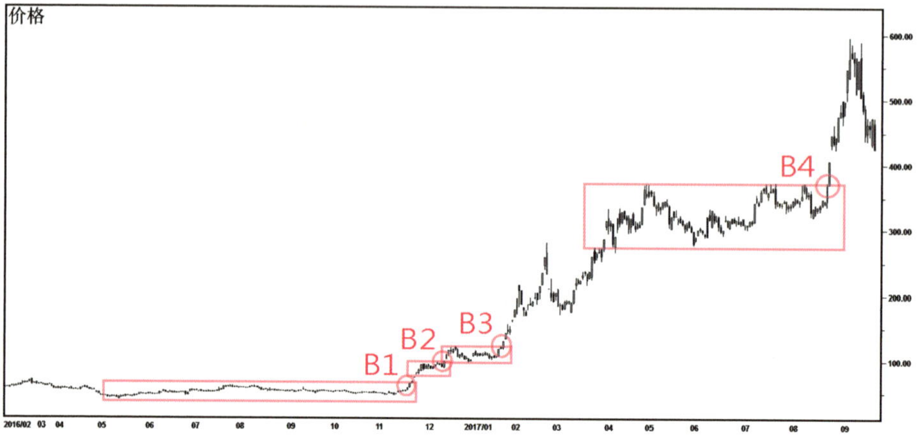

图 2－38　玉晶光（3406）价格走势

资料来源：凯卫 HTS。

跟随对的趋势就是获利的保证，因为趋势是跟随自然运行的，没有人会想和大自然对抗吧。

实战案例（七）

如图 2－39 所示，环球晶（6488）在 2016 年 8 月底，第一次出月台，出现买点 B1，买进 74.5 元，止损价 73 元，最大损失 2%。接着买点 B2 出现好彩头，买进 90.2 元，止损价 82 元，最大损失 9%；买点 B3，买进 108.5 元，止损价 100 元，最大损失 8%。之后一直维持北上走势，后面买点处就要斟酌是否进场，一直到图形最后出月台处 270 元，买点 B1 报酬率为 262%，买点 B2 报酬率为 199%，买点 B3 报酬率为 149%。

遇到飙股绝对不要轻易放过它，还可以加码、加码、再加码！

图 2－39　环球晶（6488）价格走势

资料来源：凯卫 HTS。

图 2－40 是我自己的实际操作案例，从 2016 年 12 月进场，一直操作到 2017 年 3 月，通过加码策略，用 11 万元左右的成本，获利 52 万元左右，报酬率高达 470%。

用简单的方法，即便没有买在最低，卖在最高，一样可以创造高报酬率。关键在于完整操作黄金三角；一个有效的操作系统，良好的资金管控，良好的操作心态。

很难吗？学会就很简单。但是中间只要有环节出现错误，获利就会变得很难，而且可能从获利变成亏损。所以操作是环环相扣的步骤，必须有纪律，并且不断地执行。佛家说："不怀疑，不夹杂，不间断。"共勉之！

證-　江禮安　2016年12月 5日　至　2017年 5月29日　全部交易

成交日期	交易類別	股票名稱	成交股數	成交單價	應收付款	損益
2016/12,	融資買進	環球晶(6488)		92.70	-37,832	0
2016/12,	融資買進	環球晶(6488)		93.00	-75,265	0
2017/01,		環球晶(6488)			成本11万	91,898
2017/01,		環球晶(6488)				0
2017/01,		環球晶(6488)				93,633
2017/01,		環球晶(6488)				0
2017/02,		環球晶(6488)				148,503
2017/02,		環球晶(6488)				0
2017/03,	融資賣出	環球晶(6488)		214.00	获利52万	192,009
		台幣小計:			526,043	526,043

图 2－40　环球晶交易纪录

实战案例（八）

如图 2－41 所示，GIS（6456）在 2016 年底出现了出月台的现象，B1 点可以买进，买在 94 元，止损价

86.6 元，最大亏损 7.9%。之后在 2017 年初，又出现了买点 B2，买在出月台 K 线的收盘价，97.6 元，止损价 93.6 元，最大亏损 4%。之后走势一路上涨，列车北上，要坐好，不要随便下车。

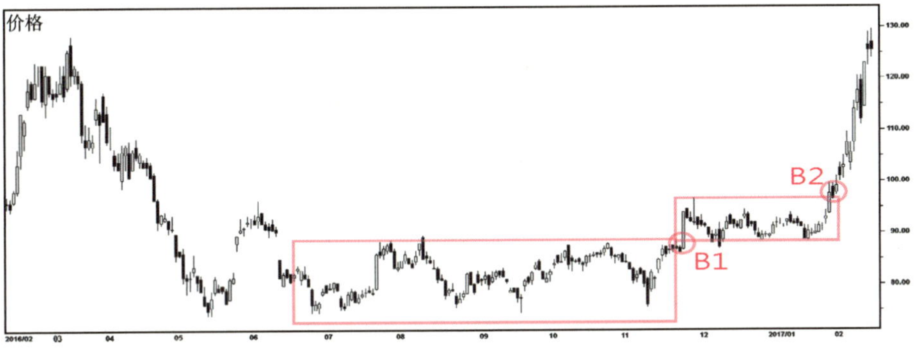

（a）GIS（6456）2016 年 2 月—2017 年 2 月价格走势

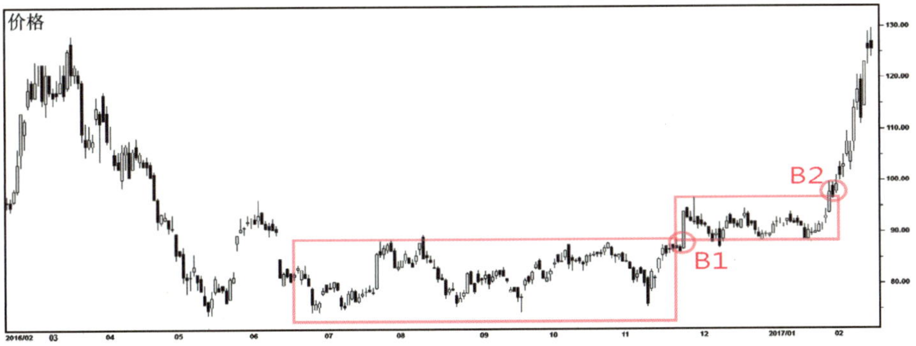

（b）GIS（6456）2015 年 11 月—2017 年 10 月价格走势

图 2-41　GIS（6456）价格走势

资料来源：凯卫 HTS。

之后走势一路发展，都是上升趋势，北上月台都没有被破坏的迹象，所以我们没有下车的理由。后面的月台风险提高、获利降低，因此后面出月台的买点就要加以斟酌。较积极的投资人，可以守好止损位，持续操作。该股的走势到图形最后都还没有南下出月台，用最后收盘价 312 元计算，买点 B1 获利 232%，买点 B2 获利 220%，符合大赚小赔的获利模式。

如图 2－42 所示，2016 年 12 月进场操作，到 2017 年 5 月底，从成本 7.6 万元左右，又增加成本 10 万元左右，总获利 64 万元左右，报酬率为 365% ~850%。

證- 江禮安 | 2016年12月12日 | 至 | 2017年 5月26日 | 全部交易 | 個

成交日期	交易類別	股票名稱	成交股數	成交單價	應收付款	損益
2016/12/	融資買進	GIS-KY(6456)		93.20	-75,665	0
2017/02/		GIS-KY(6456)				26,320
2017/02/		GIS-KY(6456)				0
2017/02/		GIS-KY(6456)				59,078
2017/02/		GIS-KY(6456)				0
2017/03/		GIS-KY(6456)				31,252
2017/03/		GIS-KY(6456)				0
2017/03/		GIS-KY(6456)				0
2017/04/		GIS-KY(6456)				160,658
2017/04/		GIS-KY(6456)				0
2017/05/		GIS-KY(6456)				276,957
2017/05/		GIS-KY(6456)				0
2017/05/		GIS-KY(6456)				0
2017/05/	融資賣出	GIS-KY(6456)		224.0C		84,725
		台幣小計:			638,990	638,990

成本7.6万元

获利63.9万元

图 2－42　概念股交易纪录

就算有时候没有在一开始上车，也没有坐到最后，但还是可以大赚小赔，因此趋势才重要，不要太在意价位，只要能在火车刚开的时候上车，然后赚到该赚的，就已经站在金字塔顶端了。

实战案例（九）

如图2－43、图2－44所示，2016年11月底，世芯（3661）出现出月台买点B1，出月台K线收盘价30.2元，止损价27.25元，最大亏损9.8%。之后在2017年2月出现好彩头的出月台买点B2，出月台K线收盘价35元，止损价32.45元，最大亏损7.3%。

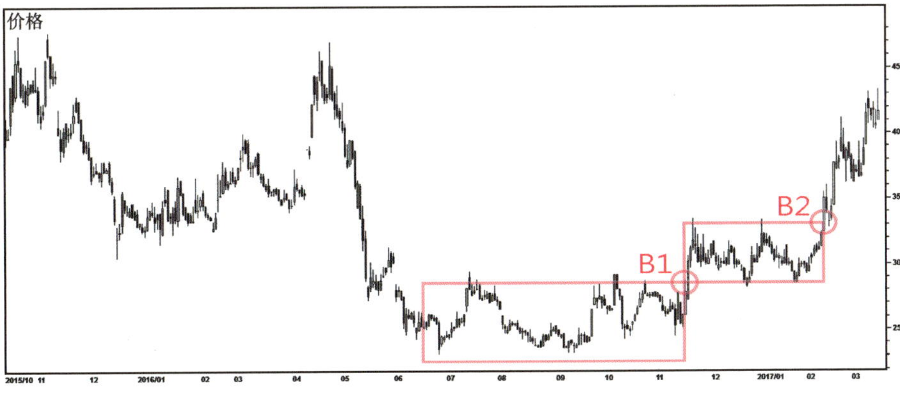

图2－43　世芯（3661）日线图（一）

资料来源：凯卫HTS。

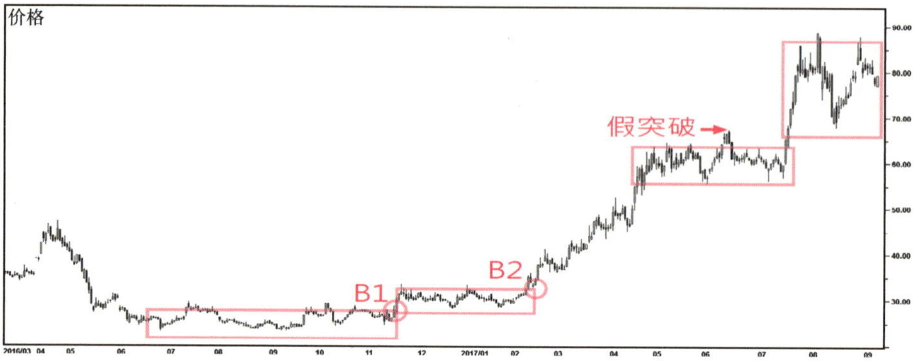

图 2－44　世芯（3661）日线图（二）

资料来源：凯卫 HTS。

B2 这个好彩头没有很整齐地重叠，所以 B2 是一个不标准的好彩头买点，但是就算只用“底底高，峰峰高”以及出月台买法，还是可以识别出买点。操作熟练后便可以灵活运用，但是一开始学习的时候可以死板一点，这样学习速度会比较快，遇到不标准或看不懂的图就不要做。

在买点 B1 或 B2 上车以后，股价都没有反向跌到止损位，而是持续上涨，所以可以继续持有，持有期间在第三个月台，有一个假突破，鉴于我们只是考虑是否要停利出场，而此时没有出现反向列车，所以要继续持有。如果实际操作时，想在出第三个月台时买进，可能会面临一次止损，止损后，出月台再进场，不要放弃，才会大赚小赔。因此持有的标的涨了一段时间以后必须评估进场的风险，放弃不做也是一个选项，真的做错了，就止损，不用想太多。

用图 2－44 最后收盘价 83.8 元计算，买点 B1 报酬率为 177%，买点 B2 报酬率为 139%。实际操作案例中（见图 2－45），2017 年 2 月开始操作，成本为 22.4 万元左右，一直操作到 8 月，总获利 27.3 万元，报酬率为 122%。

證- 江禮安 | 2017年 2月 9日 至 2017年 8月 8日 | 全部交易 | 個

成交日期	交易類別	股票名稱	成交股數	成交單價	應收付款	損益
2017/02,	融資買進	世芯-KY(3661)		35.25	-99,101	0
2017/03,	融資買進	世芯-KY(3661)		38.70	-125,041	0
2017/03,		世芯-KY(3661)				22,018
2017/03,		世芯-KY(3661)				0
2017/03,		世芯-KY(3661)				0
2017/03,		世芯-KY(3661)				0
2017/03,		世芯-KY(3661)				96,609
2017/04,		世芯-KY(3661)				0
2017/04,		世芯-KY(3661)				170,516
2017/05,		世芯-KY(3661)				-19,339
2017/06,		世芯-KY(3661)				0
2017/07,		世芯-KY(3661)				-21,314
2017/07,		世芯-KY(3661)				0
2017/08,	融資賣出	世芯-KY(3661)		80.70		25,304
		台幣小計:			372,895	273,794

成本22.4万元

获利27.3万元

图 2－45　世芯交易纪录

实战案例（十）

如图2－46所示，华擎（3515）于2017年2月出现出月台买点B1，出月台K线收盘价39.85元，止损价39.05元，最大损失2%。5月出现买点B2，出月台K线收盘价49.1元，止损价45.55元，最大损失7.2%。

如图2－47，该股后续走势顺利往上，北上列车开始跑，在车上坐好不要轻易下车。后来走到S1处跌破月台，“底底高”转“底底低”，卖出价位83.8元，买点B1报酬率为110%，买点B2报酬率为71%。

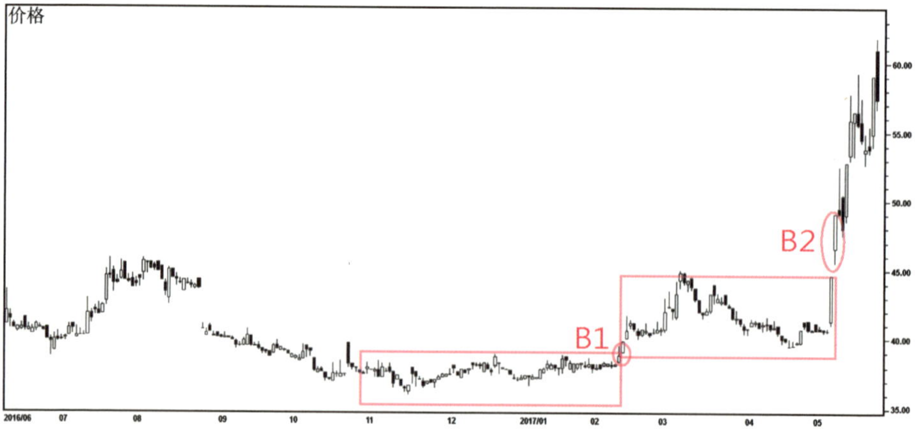

图2－46　华擎（3515）价格走势（一）

资料来源：凯卫HTS。

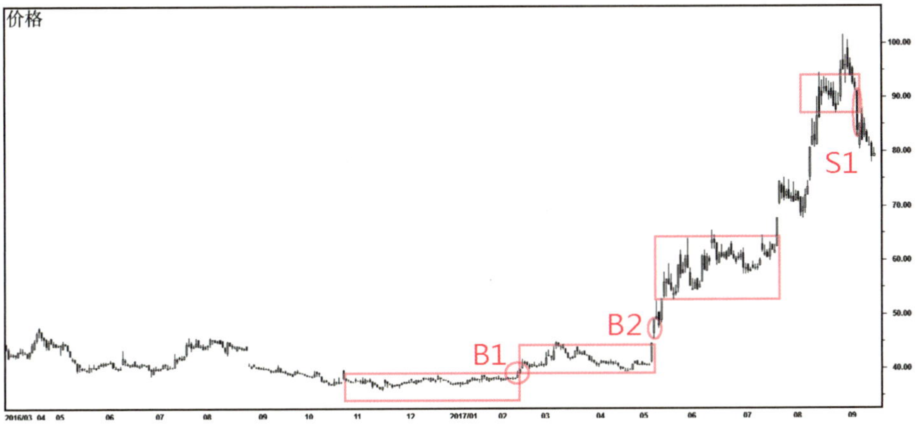

图 2－47　华擎（3515）价格走势（二）

资料来源：凯卫 HTS。

实战操作案例如图 2－48 所示，2017 年 5 月开始操作，成本 15.3 万元，操作到 8 月，总获利 33.3 万元，报酬率为 217.6%。

證·　江禮安　2017年 3月31日　至　2017年 9月24日　全部交易　個股查詢　3515 華

成交日期	交易類別	股票名稱	成交股數	成交單價	成交價金	應收付款	損益
2017/05/	融資買進	華擎(3515)		46.60		-56,999	0
2017/05/	融資買進	華擎(3515)		53.40		-96,428	0
2017/05/		華擎(3515)			成本15.3万元		62,869
2017/05/		華擎(3515)					0
2017/07/		華擎(3515)					39,710
2017/07/		華擎(3515)					0
2017/07/		華擎(3515)					65,698
2017/08/		華擎(3515)					128,178
2017/08/		華擎(3515)					14,345
2017/08/		華擎(3515)			获利33.3万元		0
2017/08/	融資賣出	華擎(3515)		93.30			22,494
		台幣小計:					333,294

图 2－48　华擎交易纪录

资料来源：凯卫 HTS。

第三章

完整操作黄金三角之资金管控
——正确止损及加码让你赚大赔小

如果你没有掌握技术分析技巧，但每次操作时都能控制住亏损，使获利大于亏损，那么总体而言是不是获利的呢？这说明资金管控非常重要。

在学会操作系统后，下一个环节就是资金管控，资金管控是获利的关键。

举个例子，我们将 100 元投资在 5 只股票上，1 只股票分配 20 元，每次操作损失不超过本金的 2%，那么 1 只股票最多可以亏损 10%。这是因为 1 只 20 元的股票亏损 10%，相当于亏损 2 元，刚好是本金 100 元的 2%。每次亏损 2 元，说明你要连续错 50 次，本金才会归零。如果你连续错 50 次，那么可能你不太适合操作，离开市场吧。

连续出错一定是你的方法不对或是有坚持凹单之类的坏习惯，这样长期下来确实不太容易获利，否则要连错 50 次运气也“太好了”，可能比较适合买彩票。

如果配合一个可行的操作系统，一定可以很容易地进入有赚有赔的阶段，有赚有赔的阶段虽然还不能稳定获利，但是可以让你在市场上撑很久，从而积攒经验，提升自己的实力。

如果你的操作系统可行，获利就继续持有，错时就止损，那么获利很容易会大于损失，这样就进入大赚小赔的阶段了。

再举个例子，如果每次亏损都亏损1元，而获利时则获利2元，那么连续错2次，对1次，就可以损益两平。也就是胜率只要大于33%，长期下来就是获利的。

如果每次亏损都亏损1元，而获利时则获利5元，那么连续错5次，对1次，就可以损益两平。胜率只要大于17%，长期下来就是获利的。

如果每次亏损都亏损1元，而获利时则获利10元，那么连续错10次，对1次，就可以损益两平。胜率只要大于9%，长期下来就是获利的（见图3-1）。

操作的时候是可以控制损失的，也就是说，止损很重要，只要能止损，损失就能被控制。因此只要想办法扩大获利，长期下来就是赚钱的。

从上面的例子可以发现，如果我们能让获利的空间变大，那么事实上胜率不用太高就能赚钱，也就是说连胜率不到20%也可以赚钱！所以只要资金管控得好，胜率低也能获利。如果掌握了稍微有用的操作技巧，就很容易站在获利的那边。

像我自己使用的进阶操作技巧，胜率至少达 70%，运气好的时候甚至高达 90%，因此要达成大赚小赔就更容易了，操作技巧很重要，但在没有掌握非常顶尖的操作技巧时也可以获利。

控制亏损，设法拉高获利，就可以让你在胜率一般的情况下赚钱。

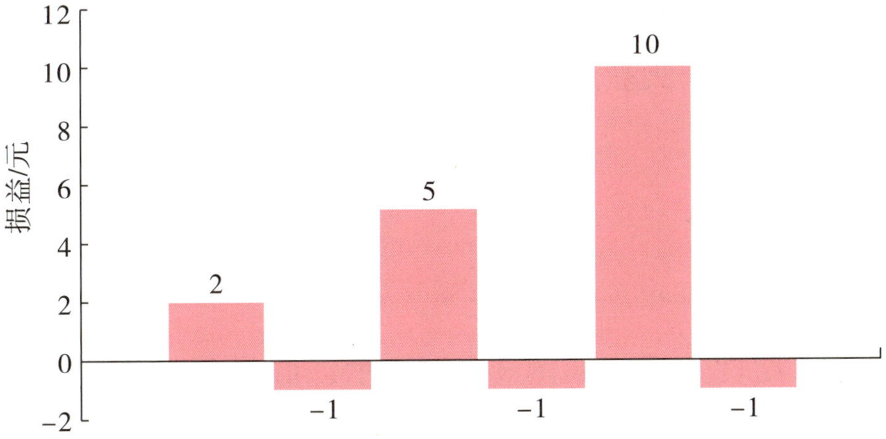

图 3-1　投资收益情况（一）

资料来源：作者整理。

形成这个观念后，在实际状况中，我们就可以运用控制每次的损失并设法拉高获利的方法进行操作。不过事实上我们并不能控制每次进场一定会赚多少。从实例中我们可以知道，有时候赚得多，有时候赚得少，不一定赚 10 元赔 1 元，但是长期下来，还是可以赚多赔少。

因为不知道每次进场可以获利多少，所以我们可以在资金配置上做一些调整，在既有损失之下，扩大获利。这样是不是更容易提升赚赔比，达到赚 10 赔 1，甚至赚 100 赔 1 呢？

这该怎么做呢？那就是在获利的时候加码，有策略地加码可以扩大获利，但是不会增加损失。

错时止损，对时加码

以期货为例，如图 3－2 所示，假设第一次进场买进一口，最多止损 20 点，然后在第一口获利 20 点的时候，加码多买进一口，第一口获利 40 点的时候再加码买进一口，第一口获利60 点的时候将3 口全部卖掉，则有第一口获利（60 点）＋第二口获利（40 点）＋第三口获利（20 点）＝总损益（120 点）。

如果不是这么顺利往上涨呢？

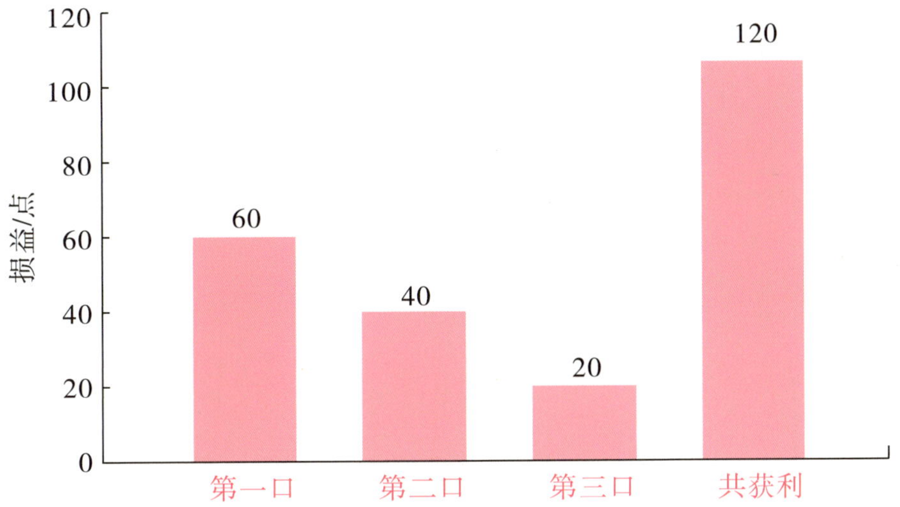

图 3－2　投资收益情况（二）

第一种情形（见图 3－3）：

买进后，第一口获利 20 点时，加码买进第二口，随后行情反转，跌了 20 点后全数卖出，则有第一口获利（0 点）＋第二口获利（－20 点）＝总损益（－20 点），与预期最大损失一样，不会再增加。

第二种情况（图 3－4）：

买进后，第一口获利 20 点时，加码买进第二口，第一口获利 40 点时，加码买进第三口，随后行情反转，跌了 20 点后全数卖出，则有第一口获利（20 点）＋第二口获利（0 点） + 第三口获利（ - 20 点） = 总损益（0 点），打平出场。

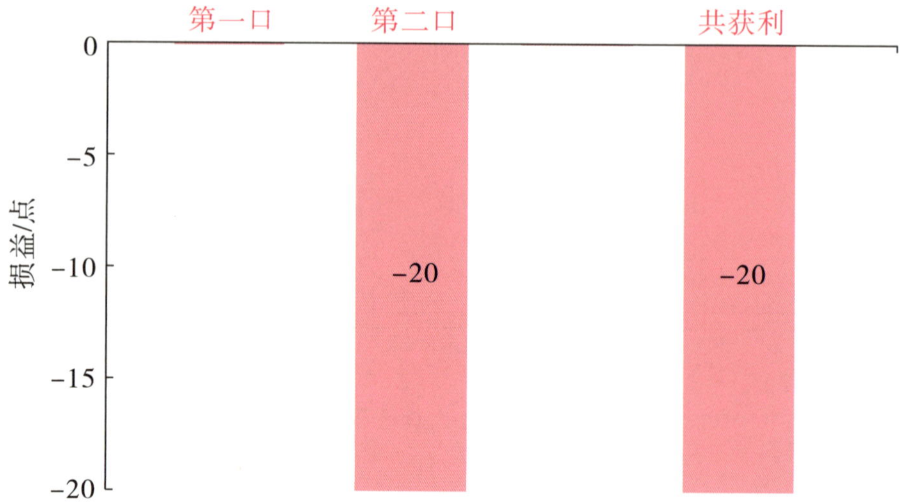

图 3 - 3　投资收益情况（三）

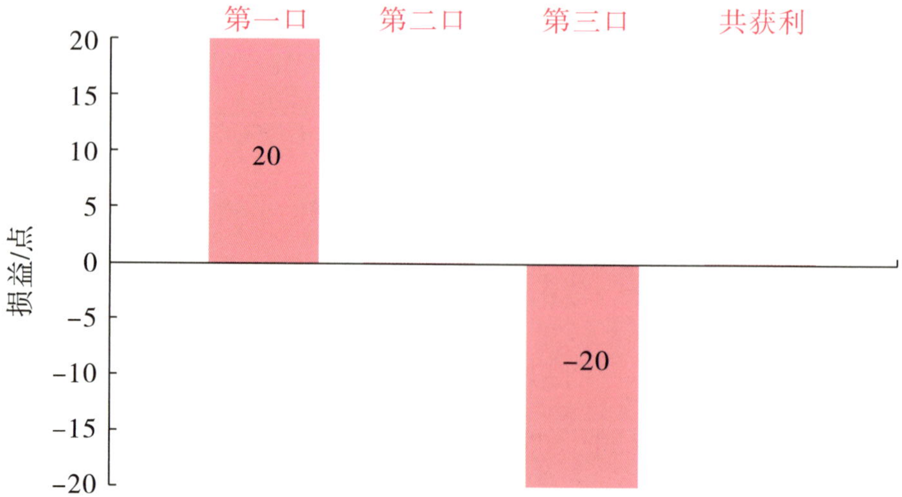

图 3 - 4　投资收益情况（四）

第三种情况（见图3-5）：

买进后，直接跌20点，止损出场，则有第一口获利（-20点）=总损益（-20点）。

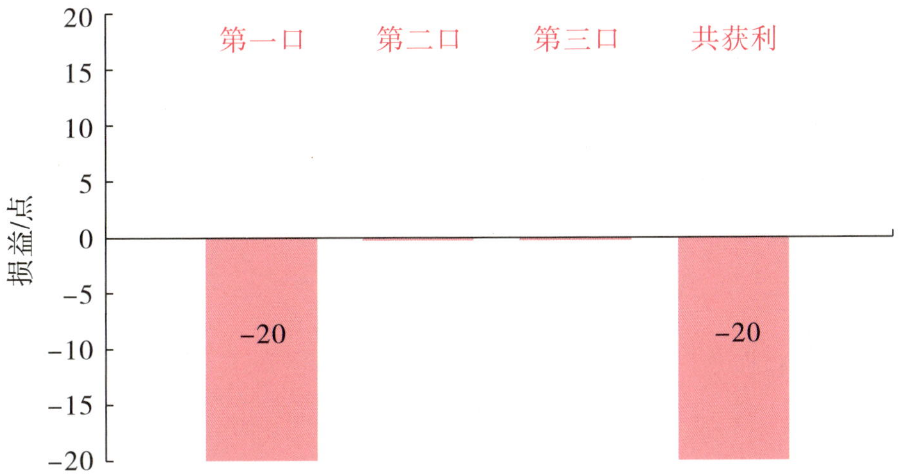

图3-5　投资收益情况（五）

综上，有3种获利结果，由小到大：-20，0，+120。而这段时间，行情最多只涨了60点。

在买进一口的状况下，止损20点，然后行情顺利往上涨60点，我们只会获利60点，但在加码的状况下，变成了120点，获利整整多了一倍，风险报酬比也从3∶1变成6∶1。而且，最大损失都是20点，并没有增加。这就是有策略的加码方式，也是资金管控的威力。

有些朋友可能会想，那一开始就买3口，涨60点的时候，我不就获利180点了吗？没错，但是相对的，如果止损20点，那时最大亏损变成了60点，风险也变成原本的3倍。这就是在没有控制亏损的情况下想要去放大获利的结果。

所以有策略的加码方式除了能让获利放大之外，还能阻止损失增加。

实战案例解析

我们把上述观念融入实战操作的时候要怎么做呢？让我们来看看实际的案例。

图3-6是加百裕（3323）2016年6月—2017年9月份的日线图，2017年3月初，出现买点B1，21.15元，止损价20.25元，最大损失0.9元；6月出现买点B2，23.45元，止损价22.5元，最大损失0.95元。

加码两到三次为佳，第四次以上风险就高了

图 3-6 加百裕（3323）日线图

资料来源：凯卫 HTS。

实际操作的时候，一般加码 2 到 3 次，4 次以上风险就太高了，宁可不做。我们在 B1 点买进以后，在 B2 点加码，如果行情反转，不用等到跌回 B1 点的价位，而是用 B2 点的止损价，当作全部资金出场的防守点，这样大概会损益两平，但是当行情拉开以后，获利就会增加很多。如图 3-6 所示，我们可以看到在 B2 点之后事实上还有一个出月台买点，在该点你也可以选择加码买进，如果行情反转，则以第三个出月台买点的止损点

当作全部资金的出场点，而如果行情持续往上走，则获利更惊人！

前面的案例我们用报酬率来做评估，现在我们用获利金额来评估，以收盘价 42.95 元计算，买点 B1 每股获利 21.8 元，买点 B2 每股获利 19.5 元。

不考虑第三个买点，总共获利 41.3 元，如果一开始在 B1 点就止损，那么最大亏损 0.9 元，风险报酬比 41.3：0.9 = 45.9：1，即最多赔 1 元，却能赚 45.9 元。如果在第 3 个买点加码进去获利就更惊人了。

行情走高后，不宜采用加码的模式

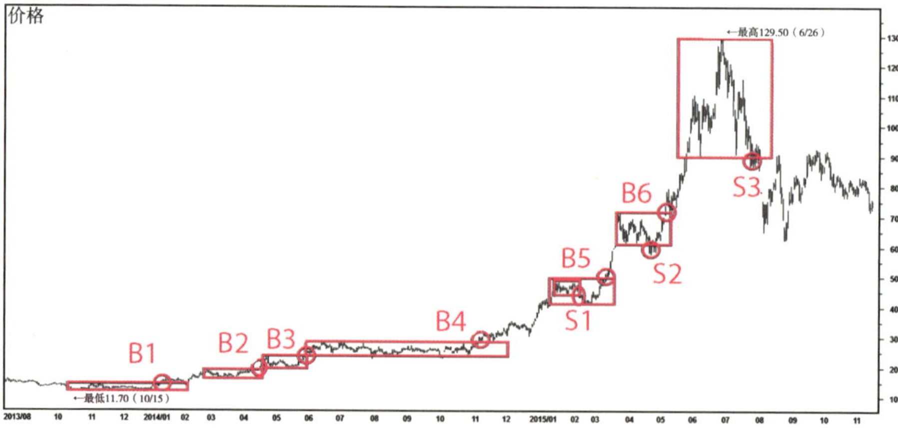

图 3-7　宏捷科（8086）日线图

资料来源：凯卫 HTS。

图 3－7 为宏捷科（8086）2013 年 8 月—2015 年 11 月的日线图，在 2014 年初，出现买点 B1，15.1 元，止损价 14.3 元，每股最大损失 0.8 元；之后出现买点 B2，19.3 元，止损价 18.5 元，每股最多损失 0.8 元。行情走到 S1 出现卖点，43.5 元，买点 B1 每股获利 28.4 元，买点 B2 每股获利 24.2 元。

总获利 52.6 元，风险报酬比 52.6：0.8＝65.8：1，即最多赔 1 元，却能赚 65.8 元。

这只股票遇到的问题是在卖点 S1 以后出现的买卖点上如何操作？即遇到买点买回来，遇到卖点又卖掉，是不是就没办法加码了呢？

随着行情越走越高，风险意识也应该提高，所以在 S1 点全部资金出场以后，后面的买卖点依然正常进出，保持当前的持有份额即可，不用拼命购买更多份额，以免造成风险上升。当然也可以用别的加码方式继续加码，就像操作系统优化一样，资金管控也可以优化，这与每个人的风险忍受度有关。所以资金管控当然不会只有一种方式，我教的是最简单，也是非常容易扩大获利的方式。但简单并不代表不好用，在控制住风险的情况下，还能把获利翻倍再翻倍，当然是非常好用的方式。

第四章

完整操作黄金三角之操作心态
——不让恐惧及贪婪影响你的投资决策

操作心态，无形无相，看不到、摸不着。很多人操作不好，其实不是方法有问题，而是操作心态不好。

终于进入了完整操作黄金三角的最后一环——操作心态。我个人认为操作心态是最重要，也是最难的部分。为什么这么说呢？

操作系统的学习，只要你有心，很容易找到相关的课程或是书，因此学习操作技巧并不是困难的事，当然有些课程的质量可能是要打问号的。方法好不好？有没有很多盲点？这要自己去分辨。要学到实用的招数并不容易，课程或是书上不见得就会教实用的招数。本书叙述的月台操作法，是容易上手且能让你建立大赚小赔的操作系统。而资金管控可以量化，照做即可。

所以操作系统及资金管控都是容易学习、有具体方法可以依循的。但操作心态，却是无形无相的，看不到，摸不到，听了都懂，做却做不到。有些人不知道自己操作不好不是方法的问题，而是操作心态不好。在没有建立良好的操作观念的基础上，整天到处找方法，希望成为神乎其技的高手，拥有一个终极的招式，来让自己变成操作之神。殊不知，技术分析都是老生常谈，说穿了，我们学习各种方法，只是希望在价格从 50 元涨到 100 元的过程中，能 60 元进场、90 元出场，不是吗？

如果你想环岛徒步，只要你有走路的能力，那么不管是快还是慢，不管是一个月还是一年，你一定会有办法完成，所以这是心态的问题，重点是不要放弃，而不是方法有问题，就像操作一样。

我在教学时特别重视心态的问题，希望尽可能地把这种只可意会不可言传的操作心态，通过文字表达出来，但是各位读者还是需要自行体会，体会到了才能变成你自己的。

当你在操作时遇到心情起伏的状况，请平静看待；若是听到他人谈论操作心法，内心产生共鸣，那么恭喜你，你的层次又提升了一层。

机械操作可以纠正操作心态

我们学习了操作系统，其目的就是要建立一个明确的进出场依据，总不能凭感觉进场，也不知道什么时候要出场吧。好比出租车司机没有导航，开车的时候不知道下一个客人在哪里，也不知道要往哪里开！

有了明确的操作系统，就容易转换成机械操作，遇到买点就买进，遇到卖点就卖出，一切都这么清楚明了。

为什么说机械操作很重要？在明确进出场的状况下：第一，你看到盘势不会无所适从；第二，你不会紧张；第三，如果真的发生突发事件，你知道要怎么退出。通过明确的操作系统，可以尽量把买卖点量化，我说的是尽量，而不是100%，因为盘势是活的。但是在这种状况下，心里的不安定感会降低，就好像是你走在陌生的小径，给你张地图，就算在陌生的地方有些紧张，但总比不知道路更令人安心。

因此，机械操作可以纠正不稳定的操作心态，但是，千万别让不稳定的操作心态凌驾于机械化的操作系统之上，否则操作系统就会失去它的作用，并且会使你陷入情绪起伏的恶性循环。

程序交易会比较好吗？

谈到机械操作，有些人会问程序交易是机械交易还是要手动操作？考虑到人的情绪总有起伏波动，于是有的人便将操作全部交给计算机，以为这样就可以不带情绪地执行进出场策略，而且是100%执行，听起来是挺不错的。

最有名的例子就是海龟投资法。这个案例的操作系统就像是程序交易，用固定逻辑在市场上操作。但这样的逻辑放到今天，可能还需要做点修正，要不然是没用的。

理查德·丹尼斯（Richard Dennis）是一个传奇交易员，赚了2亿美金。他和朋友打赌，一个赌交易是可以学习的，一个赌交易是没办法学习的，于是他们找了各行各业的人，给他们资金账户，并教他们操作，看看谁对谁错。

结果显示，有些人操作得很好，账户资金节节高升，在对的时间买入，并且依照操作策略，在指定的时机加码，然后持有直到操作系统出现卖出信号，再出清。中间可能会有一段时间面临连续亏损，整体资金水位下滑，但是只要稳定心态，持续坚持原本的操作系统，最后都会有大收获。

而有些人在学会方法以后，开始加入自己的意见，不好好按照操作系统的信号和策略操作，凭自己的主观判断操作。进场了，觉得不会涨了就不加码，觉得行情还会走，就不止损出场，或是不停利出场，最后发现与自己预期不同，导致账户亏损。通常这种人为错误都会造成较大损失。

就最终的结果来说，他们一人对一半。操作技巧是可以学的，但是操作心态却学不来。当主观意志凌驾于操作系统之上时，操作系统再好也没用。

有些交易策略是可以写成程序的，但你能不能完全执行呢？如果不能，就没办法发挥交易策略的最大效果，这又回到了心态因素上。

就操作技巧而言，我并不认为程序可以取代人的判断，因为盘势是活的。我们的确可以用程序帮我们筛选出所要的位置，譬如酒田战法的 K 线形态、均线的位置、指针的信号等，省下许多时间和精力。但在最后的精选阶段，还是要依靠人的判断，因为程序选出来的是死的，它只会判断大于或小于，没办法兼顾当时价格的涨跌、位置，甚至当前的社会形势。

量化股性是不容易的，若要量化则需要较大的成交量，至少大于1000股。但1000股以上的股票，每只样貌差别较大。有的标的走势波动很大，来回洗盘，上下震荡剧烈（见图4－1）。有的标的走势很平稳，很单纯，上就是上，下就是下，但是幅度很小，每天都只涨跌1%～2%，动作很慢（见图4－2）。有些标的，盘整很久都不动，某天突然出现涨停板，然后就一去不回头了（见图4－3）。

每只股票标的都不同，用程序去定义它很困难，而且很难定义准确，而用眼睛辨识很容易能看出它们的差异性。

波动剧烈，上下影线多，不好操作

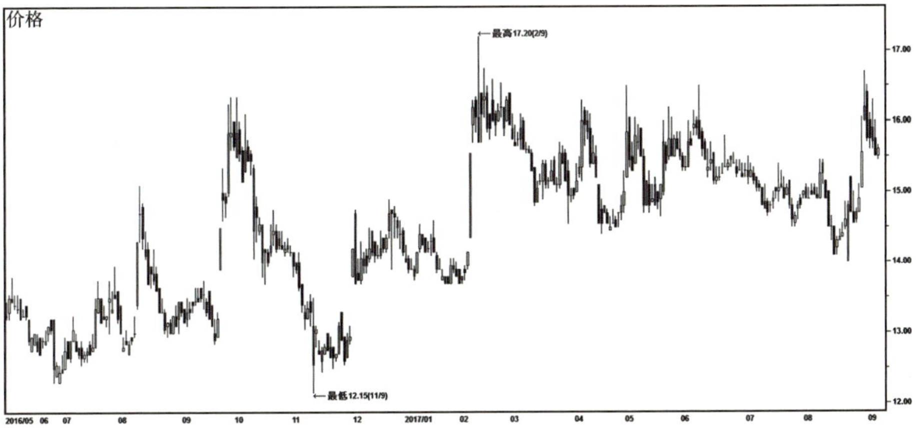

图 4-1　联昌（2431）2016 年 5 月—2017 年 9 月价格走势

资料来源：凯卫 HTS。

上升趋势，但是每天涨幅很小

图 4-2　鸿海（2317）2016 年 2 月—2017 年 5 月价格走势

资料来源：凯卫 HTS。

盘整半年，出月台后，连飙9个涨停板

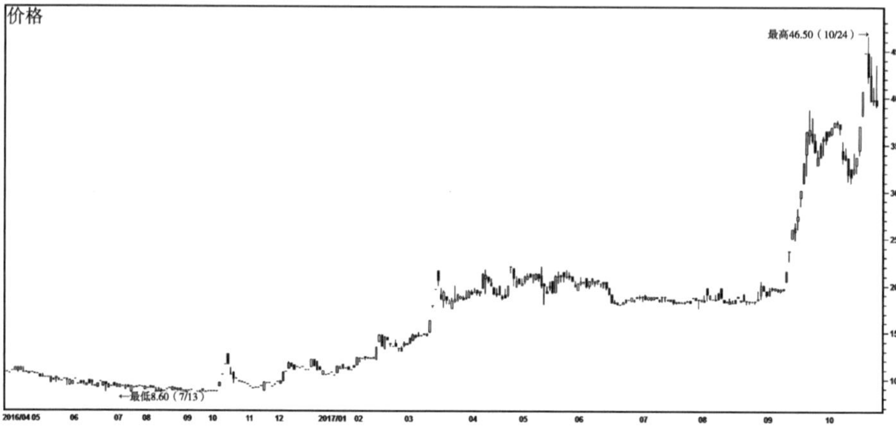

图4－3　富宇（4970）2016年4月—2017年10月价格走势

资料来源：凯卫HTS。

因此，我们本身要有一定的知识和经验，才能通过工具获得方便、节约时间，而不是本末倒置，觉得有工具就等于有技术，若是自己没有足够的实力，只会被工具所限制。

如果有明确的操作系统，能够有逻辑地进场，就可以善用工具。例如我们可以利用工具在月台顶端设定价位提醒，提早得知价格突破月台，然后判断适不适合进场，这样才会对交易有正向帮助。

操作时你需要内建心理时间轴

操作的时候，大家很容易把重点放在技术分析的买卖点上，找到方法决定进出点。但大部分投资人虽然买在起涨点，未来股价也涨了两三倍甚至更多，却早早卖掉。譬如说买在50元，虽然股票最后涨到100元，但是常常在55元就卖掉了，因为害怕55元跌回54元而致“少赚了”，或是跌到低于50元而致倒赔。

我们看一下历史走势就可以知道，当行情开始以后，北上列车启动，往往不会直直地往上冲，而是走一段后就会休息，也就是进入月台，这个时候价格会在一定价格区间震荡，然后继续出发。这样的走势到涨一倍变成100元，可能要1个月到6个月不等，所以花一个礼拜涨到55元，怎么能急着下车呢？

这就是为什么需要内建心理时间轴。假设A地到B地，坐高铁要一两个小时，我们能在高铁行驶30分钟后就下车吗？下车不就到不了B地了吗？有很多观念如生活常识一样，只要善加思考，就能明白。

从进场开始，如果行情开始走了，要在车上坐好，并且耐心等待行情发展，心中必须建立时间轴，因为行情发展需要时间。从正式开始上涨，到中间的月台震荡，再到酝酿最后一个月台，直至行情结束，这要历经很长的时间。

耐心继续持有是值得的。因为顺利完成后，获利会很惊人，俗话说“三年不开张，开张吃三年”，就是指完整操作到一个大波段可以得到的成果。想赚足波段吗？先内建心理时间轴吧！

买时怕跌，卖时怕涨

你有没有这样一种体验，进场后手上有仓位了，就开始死盯着盘面，涨0.1元就开心，跌0.1元觉得害怕、难过。就算今天这档标的涨了，也还是很担心明天会下跌，日复一日处于这种状态中。

熬过这段时间，好不容易价格顺利上涨，也赚了好大一段波段。顺利卖出后看到价格又涨，就觉得少赚了，后悔卖太早了。有时候甚至还追回来，结果买了以后又被套住，好的状况只是获利回吐，糟的状况是本来的获利变成了亏损。

买的时候怕跌，卖的时候怕涨，明明获利了，却还是胆战心惊，为什么操作会这么痛苦呢？

事实上，走势就是或上或下，进场就是或赚或赔，我们要先把事情简单化。我们可以做的是，错的时候止损，最多就是赔一定金额，而对的时候耐心持有，等待行情发展，这就要配合明确的出场信号，也就是操作系统的信号，把重点放在是否有操作信号上，不要因为涨跌就心情起伏。

为什么会有心情起伏？希望买了就涨，而事与愿违心情就会有起伏。因此，进场后不要有太多杂念，专心观察信号，要知道，就算错了止损，也是操作的一部分。如果行情顺利启动，就开始等卖出信号，有信号就卖掉，不用管后面到底是涨还是跌，因为如果继续涨，一定还会有进场的信号。而如果卖出后开始跌，那也与我们无关。

心中只有买卖点，不过度关注涨跌，交易就会单纯很多，心里也会轻松很多。

操作就像种田

一年有四季，农夫会根据当时的季节来进行农事活动。一般的周期是春耕、夏耘、秋收、冬藏。春天是播种的时候，也就是酝酿的时候。夏天是作物开始生长的时候，可以明显看到形状上的变化。到了秋天，是收获的季节。进入冬天，土地休耕，农夫也进入了休息阶段。

操作不也是这样吗？市场也有这种周期存在，每段行情启动以前是打底阶段，酝酿蓄势，就像春天播种一样，这个时候进场价格较低，我们可以等待行情开始时再进场，这也是技术分析在做的事。

找到起涨点，找到发动点，即行情启动的时刻。这时北上列车正在行进中，我们要在车上坐好，不要轻易下车。这段时间，是行情快速脱离成本，账面上获利数字最好看的时候，要坐得住，赚得到大波段，没有农夫会在稻谷还没成熟的时候就收割。

其实操作与种田类似。而投资人常常做提早收割这件事。有些人是因为没有明确的交易系统，而有些人则是有交易系统却也不会照做。如果有交易系统你自然会知道什么时候夏天结束进入秋天。

当行情进入尾声，也就是火车要反向出月台了！这时，我们要下车了，这个时候的账面获利会比最高点的时候少一点，但这是正常的，不用太在意，实际到手的获利才是真的，这就是秋天的收获时刻。

如果你只买进做多，那这个时候就要休兵了，你可以拿一些获利去布施，去慰劳自己，但不用再积极进场了。因为这已经到了冬藏的时候，没有农夫会在冬天播种的，作物不会因为你的积极而长大，行情也不会因为你的积极而出现涨停板，你反而会因为你的积极而把获利回吐，甚至倒赔。只有好好等待下一次春耕的机会，才能成长为市场上的常胜军。

市场就只是这样不断循环，道理很简单，事实上也这么简单。但为什么进场操作的时候没有这种简单轻松的感觉？那是因为你不懂价格的循环。而农夫有农历，有气象预报，知道春夏秋冬季节变换的规律，知道现在要做什么事，知道要在对的时间做对的事。

而操作也是如此，你必须知道市场的脉动，也就是现在市场是什么情况，在什么位置，这在技术分析里就是操作系统。它可以像气象预报一样告诉你现在市场在什么地方，告诉你现在该做什么。也只有这样你才能在对的时间做对的事，才会大赚小赔。

感受市场春夏秋冬的时节变化，跟着市场的节奏起舞，那么你的操作就会进入更高的档次。

操作就像搭电梯

来想想我们平常怎么搭电梯的吧。你是不是走到电梯前面，按“上”，然后等着电梯下来，或是电梯本来就在一楼。接着，电梯停稳，门打开，我们才会走进去，按我们想要到的楼层，门关闭，等着电梯移动，电梯停稳，门打开，最后我们走出电梯。

你有没有想过，只要这中间有一个环节不对，我们就不能顺利到达想要到的楼层吗？

如果一开始电梯是往下的，门打开，你会不会进去呢？一定是不会的，因为你想要上楼。如果你进去了，电梯就会往错的方向开动。在操作中也是如此，你想要搭北上列车，而看到南下列车你是不会上车的。投资人搭电梯时会注意，但操作的时候往往不会理会这件事。

在电梯门开了以后，你发现电梯没有停稳，或是停在半空中，你会进电梯吗？一定不会的，因为此时进去不知道会不会有危险，会不会突然掉下去，会不会被错位的电梯夹到。在操作里表现为，开盘了，看到长红了，看到快涨停了，就急着进场，但不知道现在到底是空头趋势还是多头趋势，是底部还是头部，只知道要赶快进场。如果电梯门打开，里面没电梯呢，这样多危险？投资人搭电梯时会注意，偏偏操作的时候却不理会这件事。

你从 1 楼进电梯后，按了 5 楼，现在到了 3 楼，你会出电梯吗？一定不会的，你会继续待在电梯里面，等待电梯继续上升。否则就到不了5楼。在操作里表现为，在行情启动时，你以每股50元的价格买入，涨到52元，甚至涨到60元，然后你就卖掉了，觉得自己赚了很多了，结果最后涨到100元，随便卖都可以卖到90元以上，你却提前下车了。这时，你要做的是按兵不动，不用做任何事，就可以赚到大波段。投资人搭电梯的时候会注意，偏偏操作的时候不会理会这件事。

如果电梯现在顺利到达你想要到的楼层了，你出电梯后还会再回头进电梯吗？一定不会的，因为你到了目的地，不需要再进电梯了。在操作里表现为，你顺利抱了大波段，也卖出了，但在行情在高位震荡出货时，出了个长红，你又追进去了，怕它涨上去的部分没赚到，随后行情往下，获利回吐，再糟一点就是被套牢，获利全部赔完甚至倒赔。投资人搭电梯的时候会注意，偏偏操作的时候却不理会这件事。

继火车与月台后，又用种田和乘电梯类比，其实我想说的是，操作的很多思维逻辑与我们的生活经历相似，说可以通过操作体会人生也不为过。所以，操作本身不就是很单纯的事吗？因为这些观念我们本来就知道了，并习以为常，所以只要我们正视这些观念，在操作的时候，融入进去，操作心态就能趋于稳定，希望你能慢慢体会。

趋势的重要性

我们常常听人说，操作要顺势而为。趋势！趋势！趋势！还是趋势！那么，趋势到底是什么？为什么掌握趋势的人就是胜利者？

我们可以先想象一下海流、洋流，看看它们是怎么流动的，不论什么方向来的海流，只要进入洋流，就会被带动朝相同的方向奔去，而这个方向就叫作趋势。再来看一个例子，当海啸发生的时候，海流、树、房子、车子，只要是海啸冲过去的地方，没有一个东西不会跟着海啸的方向发展，这就是趋势的力量。

也可以说趋势是一种惯性，当大卡车紧急刹车时，是不是没有办法马上停下来？这就是惯性的作用，车会沿着原本前进的方向滑行。而在操作里，大趋势只有两个方向，往上或往下。上升趋势形成后，是不会马上停下来的。就像高铁一样，本来北上，下一秒突然往南开，这是不可能的，只有经过一定时间的减速，停下来后，才可能往反方向开。

这在操作里也是一样的，上升趋势启动后，就会吸引市场投资者，并且像高铁一样持续往前冲，这个时候，不管你什么时候上车，都容易坐对方向，只是赚多赚少的区别而已。前面讲的“最容易获利的图形”就是一个启动的趋势。趋势之所以重要，是因为它会带我们往对的方向前进。而操作不就像一个猜边的游戏吗？猜往上还是往下，猜对了，自然就获利。

趋势的反转，像高铁一样，需要历经减速、月台休息，然后才会反向出发。在操作里，上升趋势进入最后一个月台，然后反向出月台，这个过程是需要时间的。这也是我们需要内建一个心理时间轴的原因。火车不会随便停下来，行情也是，酝酿趋势需要时间，起涨后需要时间，结束股票做头需要时间，下跌也需要时间。

而追随趋势的盲点在于，当行情出现“底底高，峰峰高”的时候，每次的回档到底只是回档，还是趋势要结束，这让投资人心慌。事实上可以很容易地解决这个问题：第一，配合止损，错了也是正常的，慎选进场点可以减少失误；第二，静观其变，就算趋势要结束也需要进月台休息，做头需要整理，需要时间。

如何掌握趋势？本书教的方法是一种最简单也是最核心的方法，更细腻的方法则是操作系统的优化，让进出场的点位变得更合适，让报酬率更高。无论如何，操作系统和操作技巧，可以让我们更容易站在对的那边，也就是掌握趋势。这样，至少在操作的时候，不是靠猜测、凭运气，也容易大赚小赔。

五大致命交易方式

在操作里，错误的交易方式很容易让人“毕业”，所以我们来谈谈如何避免发生这些事，在市场上存活久一点。因为，操作是一场马拉松。

＊信任“内线”消息

为什么信任内线交易容易让人“毕业”？

我记得，有一次一个朋友在群组说，他们公司有传闻，某股目标上探 130 元（当时股价 100 元左右）。我当时看了线图，并不是一个北上出月台状态的股票，甚至有南下月台的趋势。我简单回复说：“我觉得现在不适合买。”过了几个月后这只股跌到 50 元，我不知道群内有没有人买，但这样的故事或者应该说“事故”，时常发生在我们身边。

你朋友在某家科技公司上班，偶然听到这家公司要被某个大公司并购了，他对你透露了这个消息，你就觉得股价要涨了，所以赶快跳进去买，结果涨停一天，之后就跌回来了。这是因为你没有做任何功课，不知道这是一家出了名的炒股票的公司，公司老板待过的公司的股票可以炒到几百甚至破千，之后跌到个位数。如果你知道了，你还敢买吗？

所谓的“内线”消息，就是听明牌，从董事长、高层主管到员工，甚至不是员工的外人，包含名嘴、营业员或是路人中的任何一个人对你说这只股票会涨，讲得兴奋不已，说订单暴增，说前景非常好，说外资都要买，说主力要拉，说他自己已经卡位了……不论他说了什么内容，重点就是，如果你信了，那么灾难可能就要来临了。

如果运气好，真的买了就开始涨，你看到你的股票涨了1倍，那么恭喜你账面上赚钱了。但因为你不知道什么时候卖，所以最后又跌回来了，甚至倒赔。

还有一种可能是，你真的卖出获利了，真的以为自己是股神，然后开始买其他标的，大刀阔斧，霸气十足，却没想过你是听人家报明牌才买的，你根本不会选股，不知道什么时候要进场，什么时候要出场，这样的下场当然就是把获利赔光，甚至倒赔。

听“内线”消息，最常遇到的情况是，你买完后股价不会涨，反而开始跌，越跌越凶。越跌越便宜的时候你却买了更多，以为捡到便宜了，等涨起来后大赚一笔，但是随着账面损失越来越大，你开始每天睡不好，开始恐慌，开始担心最糟糕的状况是不是要发生了。你希望它赶快往上涨，买进的时候100元，跌到20元后反弹到40元，虽然与20元相比，已经涨一倍了，但是你已经损失惨重，你只希望他可以回到80元，甚至只求不要赔钱。

最后这只股票连续跌停，跌到个位数，好一点会继续停在这个位置萎靡不振，而大部分情况下这种公司会下市，然后你的股票就彻底消失了。你可能会在这一次战役中一蹶不振，所以这是不是致命的交易方式？

事实上听消息本身并不致命，关键在于自己心中要有一把尺。从操作层面讲，你自己要懂方法，有判断的标准，而不是人云亦云。听“内线”消息、听明牌后出现糟糕状况的原因是听的那个人往往没有掌握任何操作方法或者根本不知道市场是何物。只知道100万元进去，听了明牌会变成200万元。

这种心态跟赌博有什么两样呢？你过马路的时候，听到隔壁的人说走，你就往前走，自己却不看路，你觉得这样安全吗？相信大部分的人都不会这么做，因为真的太可怕了！但在市场里，这样的人到处都是，听人报明牌就是盲目过马路。我们知道持续做对的事，时间拉长很容易有好结果，那如果持续做这种风险极大的事，是不是迟早要出事呢？所以绝对不要让这种事发生。

＊逆势交易

进场交易，你观察到一只股票价格 50 元，而且它是从 100 元跌下来的，现在又出现了一个 K 线形态的买点，你觉得它已经到最低点了，你想要买最低点，所以你就进场了。不料价格连弹都没有弹起来，从 50 元继续下跌，跌到 40 元，这时又出现一次酒田战法的 K 线形态。你认为如果上次是错的，那这次一定是假跌破，这次买一定是最低点，这样你就可以赚到了。结果是越买越低，价格一直没有回升。历史上就有股票从 1300 元跌到 40 元的例子，不管你在中间哪一个时间点买，跌到 40 元，都是损失惨重，如果又过高杠杆融资，那么不“阵亡”也是很难的。

操作时从来不需要买最低点，买到最低点可以让人产生一种成就感，但不是必需的。因为行情一定是到最低点后才会转为上升趋势，也只有转为上升趋势后，你回头看才会知道原来之前那个价位是最低点，因此去猜最低点是不切实际的。在那个疑似最低点价格的当下，你不会知道它是不是最低点，而且就算买到最低点，整理的时间也会很长。

我们为什么要出月台买？因为这时已经整理完了，接下来要上涨了，这样就可以省下在底部盘整月台的时间。去抓最低点，是不是就违背了我们前面讲的趋势？要抓最低点，一定是在下跌趋势的某一个时刻进场，那时候已经是上升趋势了吗？不是！所以就有可能被海啸吞噬，这就是逆势交易容易产生的后果。

晚一点进场，等待趋势确立，那样反而安全，而且从时间效率的角度来说，此时是主升段，行情启动更容易拉开成本；就心理层面来说，更不容易在底部月台洗盘的时候心里难熬，或没有继续持有就被洗掉了。因此，等趋势确立，晚一点进场好处多，猜最低点的逆势交易则是少做为妙。

＊重仓交易

你之所以想要进入金融市场，一定是因为听过很多爆赚神话吧！有人用20万起家，赚了上亿，有人用10万赚千万。你也希望这种事发生在自己身上，所以进入市场一段时间以后，认为自己已经练就一身功夫，每次都孤注一掷，全部压一档，甚至用大资金买期货选择权，以为只要压对，本金就瞬间翻倍！10万的本金，经过两三次翻倍变成50万左右后，心想，只要继续这样下去，50万变100万，100万变成200万，很快就可以有千万身家了。

通常我们这样想的时候，都是行情要准备反噬的时候，这时候，50万的仓位全部都在市场里面，行情稍微反转，账面损失暴增！一下就变成25万，再继续跌，马上就侵蚀本金，不要说回到10万，甚至可能血本无归。如果是期货，还会被追缴保证金，本金没了还要倒赔。这时候又开始怨天尤人，为什么爆赚神话的主角不是自己。

这一切都是因为太想要赚钱了，重仓交易。没有考虑到资金管控，什么位置，多大的成交量，只想着本金如何翻倍，只想着我这次压对就要翻身了。那如果这次压错，是不是连东山再起的机会都没了呢?

还记得操作是一场马拉松吗?跑马拉松的选手没有哪个会一直冲刺的，都是尽量保持体力，好完成整段赛事。而在操作里，赛程是你进市场的每一天。没有离开市场，那你就还在赛事里，那你就必须想办法继续存活。

没错，下大注、压对宝的确可以快速看到暴增的回报，但风险永远都伴随在后。即使有时候你没看错，但短期的洗盘也可能让下大注的资金部分承受过大的浮动亏损，导致毁灭性的灾难。

细水长流的做法是在进场之前控制风险，这样可以确保任何突发性的事故发生后都不会造成毁灭性的损失。一开始就想好最糟的状况，会损失多少，心里有数，下一次机会再来时就可以掌握住。这样，一次的损失只是开车路上遇到颠簸，压到小石头，长期下来还是可以通往目的地。而不控制风险的操作出现的最糟状况如正面撞山壁，你觉得你一辈子开车，可以正面撞山壁几次呢？所以在操作里也应该时时刻刻警惕这种风险。

积极的做法是，从较少的资金开始练就一身功夫，十年磨一剑，不用心急。你看，不论是武侠小说、电视剧，还是现实世界中的习武之人，是不是都是潜心修炼好几年，把基本功练好、练扎实。其好处不言而喻：第一，身体素质会变好，身强体壮，不容易受伤；第二，未来遇到高人指点，习得盖世神功的时候，可以学习得很快，且容易学透。

你想想，一个奇人教了你轻功水上漂，让你可以在水上行走，但如果你什么基本功都没有，当他把你丢进水里时，你就真的在水里漂走了，这样是不是就算有盖世神功可以学也没用呢？所以扎马步是很有必要的，基本功练扎实以后，你要放大杠杆是很容易的事，也有很多方法可以做到，所以何必急于一时呢？

之所以有这些爆赚神话，事实上都是因为他们潜心修炼得够久，功底很扎实，然后等待时机，在关键时刻才出手。注意他们不是孤注一掷而是有最大风险承受能力。盲目地重仓交易，贪婪地放大仓位，想给对手致命一击，结果往往是给自己致命一击！

＊短线交易

我常常说短线交易“先天不良，后天失调”，为什么这么说？短线交易与波段交易相比成本高很多。假设从50元涨到100元，交易成本（包含手续费和税费）算一次的话，短进短出，每段都做到，一次赚5元，赚10次，一样是获利50元，但成本却要变成10倍。

而且，实际上周期越短，你在每一个迷你小波段掉的价差就越多。从月台操作法来看，每一次最后的月台从最高点回来，都有一段没有赚到，小周期的短线交易同理，也就是说，本来有5元的行情，能赚到3~4元就不错了。

进出次数增加，失败率就会上升。我们每一次进场都要承担一次新的风险，你以50元进场，行情开始走，拉开成本后，你需要承担的风险就一路下降，涨到一定程度，只有赚多赚少的区别，而没有赔钱的风险。

所以在对的位置进场就是降低风险最好的方式。不过这不是讨论的重点，重点是，你认为可以高出低进、买低卖高，把每一段行情都吃到的短线交易做法，却可能把本来 50 元占的好位置去掉，同时增加面对风险的次数。每一次新的进场，就要重新面对一次风险，我们的胜率不会是 100% ，自然就会增加失败次数。

因此，同样 50 元涨幅的行情，采用短线交易，不但要损失头尾去掉的小价差，承担失败次数增加造成的亏损，还要承受增加的交易成本，这是不是“先天不良，后天失调”呢？

还有一个少有人在意的最大风险，那就是身体健康。随着操作周期缩短，你需要更贴近盘面，敏锐观察市场的变化以及行情变动，看盘时的过度专注很伤眼睛，久坐则伤筋骨、伤肾脏。我认为，就算赚到钱，牺牲健康也是不值得的，而牺牲了健康，结果还没赚到钱，那就更加得不偿失，所以我很不鼓励做短线。

* 不止损或是过度止损

我们一直在说大赚小赔，其中的小赔，就是止损，控制损失在操作中是很重要的一环。一般做生意也是如此，比如你开了 2 家店，其中一家赚钱，一家赔钱，请问你会把哪一家关掉？我想一定是赔钱的那家！在操作里表现为把错的标的卖掉，留下对的标的。但是大部分的投资人会把赚钱的标的卖掉，留下赔钱的标的，希望它的价格涨回来。这就是有违常理的做法，也是散户长期下来赚不到钱的原因，因为止损会心痛，他们不想面对损失，不想亏钱。如果不想亏钱，那就不应该进市场操作，而应该用定期定额的方式，去做储蓄式的投资，那样不会赔钱，较安全，但报酬率相对较低。

不止损，价格就可能从 50 元跌到 40 元，再不止损，价格可能跌到 30 元，已经要腰斩了。现在止损可以拿回一半的本金，但是你一定会想，我赔 10 元的时候都没卖，赔 20 元怎么可能会卖。然后就继续持有，期待价格回升，最后只剩下 10 元，甚至下市，本来可以拿回一半的钱，现在本金归零。如果是通过融资手段购买股票，那么可能赔得更快；若是期货，则还要补缴保证金，本金没了还要倒赔。

现在换一个方式，价格从 55 元跌到 50 元时，我们止损卖掉，赔 5 元；然后重新等待进场的时机，进场，结果又赔了 5 元；之后继续等待进场的时机，进场，这次做对了，火车顺利北上。我们从前面的案例中可以看到，做对一次，价格很容易从 50 元涨到 60 至 100 元，甚至 200 元，而之前总共赔了 10 元，所以只要这次做对了，获利马上就大于亏损。

进市场说到底还是为了获利，那如果止损可以让你获利，你要不要做呢？还是说你只是不想有所损失，所以即使后面有机会赚回来也不愿意这么做？

从这个例子中我们可以看到，我们总共进场三次，错两次，对一次，然后就能获利。但是如果我们不止损，可能一次就“毕业”了，没“毕业”也会被套牢，这笔资金根本不能动，不能帮我们创造后面大于损失的获利机会。试问，你还执意不止损吗？

标的错了，出现损失了，就像开了一家会赔钱的店，要赶快关掉。下次还可以开有机会赚钱的店。标的获利了，就像开了一家会赚钱的店，不要随便把店关掉，继续让它获利。试着用这种想法来看待止损这件事，同时也要抬高自己的眼光，试着用宏观的角度来看这件事，止损是为了下一次的获利，并不代表你的操作是失败的。

与止损相反的是过度止损，如果说不止损是鲸吞，那过度止损就是蚕食。相较于不止损造成的巨大损失，过度止损长期累积下来也很惊人。以前我刚开始学习操作时，也就是我操作外汇保证金破产的时候，因为知道止损的重要性，所以就很积极地止损，只要有一点风吹草动，只要买进后行情稍微往下，只要买进不涨，就赶快止损，像是惊弓之鸟。结果半年下来，发生巨大损失，本金消耗殆尽，事后看那些买进的位置，大概超过一半都是对的，也就是说只要我继续坐在车上，行情就会顺利发展，结果我却因为坐不住，让本来可以获利的交易全部变成赔钱的买卖，还把本金消耗光了。

这里就要谈到为什么会过度止损。第一，过度害怕亏损。你可能会想，止损时不是已经亏损了吗？怎么说一直去止损，然后害怕过度止损？这是因为本来设定的止损金额可能对资金仓位或是对自己的心理层面来说损失太大了。因此会在亏损发生之前，自作聪明地提早出场，不会等到真的破了止损位，以为到真的止损位时比现在止损还要多赔一倍的钱。就是因为这种小聪明，结果反而多赔了不必要赔的钱，因为从事后来看，行情发展下去根本就不会破我们当初设的止损点！

第二，止损点设的位置有问题。本书教的止损的位置设在本波低点或是月台下方以及出月台的 K 线低点。这些位置是行情的关键位置，如果价位与预期相反，突破了这些关键位置，那就代表行情可能真的不如预期，不会马上发动北上列车，甚至根本没有要涨的信号，而是要反转。既然关键位置失守了，止损退出这个不对的地方，就是很正确的选择。这建立在有明确操作系统之上，所以可以让止损变成对的事。

我以前并没有明确操作系统，甚至用固定点数止损，没有考虑商品特性、振幅等因素，只知道要止损，然后把止损位设定在不关键的位置，也就是奇怪的地方，此时跌破设置的止损位，并不代表行情发生变化，而且可能出现洗盘，所以自然就很容易被洗，然后止损出场。但是后来行情却又如预期开始走了，令人扼腕叹息。

因此止损之前，要先确定你是不是了解市场走势，是不是了解价格波动的规律，是不是知道什么地方是关键位置，了解以后才能把止损点放在关键的地方。当行情触及止损点时，你就知道不对了，这时候，止损才会真的帮助你小赔出场，而不会变成知道止损很重要，就盲目地止损，累积下来造成巨大损失。

不止损很可怕，但是过度止损一样可怕，希望我的经验可以让你吸取教训，不让这样的事再次发生。

以上讲了5个致命交易方式，也许很多人会觉得是老生常谈，但为什么会常谈？因为这些都很重要！聪明的人，学习前人失败的经验，然后获得成功。普通的人，自己经历失败，吸取教训，然后获得成功。愚笨的人，自己经历失败，没有反省，然后继续失败。

每次下单时的犹豫

每次操作前，你都做了很多研究，看了很多线图，也终于选到符合买点特征的股票，结果要买进的时候却又很犹豫，很怕买下去就赔，很怕买错，很怕买了不是最好的，这个也怕，那个也怕，所以迟迟不敢下单。

这到底是什么心态呢？说穿了就是“疑”，起疑，信心不够，对自己的决定没有自信，才会这个也担心，那个也担心。那么如何改善这样的问题呢？

首先，一定要有一个认知，市场本来就存在不确定性，本来就不可能有100%获利这件事。错误的期待，是造成不安全感的最大原因，所以必须理解不确定性本身就是这个游戏的一部分，如果没有办法接受，真的不应该进入市场。

其次，我们应该对操作系统做到彻底的了解，这样才可以帮助我们建立起要进场时的信心，对自己的操作系统的认识不够，对市场走势不熟悉，对操作系统能帮我们到什么程度不熟悉，自然就会担心。就像你第一次开车一样，你不知道踩油门加速的感觉，以及踩刹车减速的感觉，未知会让我们心生恐慌。而要彻底了解操作系统，就必须做大量的练习，用操作系统做大量练习，才能知道它为什么会是一个有用的系统，即使不会每次都买到飙股，通过练习，也可以赚到该赚的波段，而且获利颇丰，这样信心才会慢慢建立起来。

最后，设想好最糟的状况。如果这次进场是错的呢？那我们要配合止损。是不是下一次就可以再掌握获利机会呢？如果是，那么这次错误就不那么重要了。从前面的例子中我们可以知道，做对止损这件事，后来的获利是可能大于亏损的，最糟的状况不过是止损，可以接受吗？可以。那这样进场，还有什么好怕的呢？

想要小赚，那就永远赚不到大的

很多做投资的朋友都会有一种想法，就是不贪心，想着小赚就好，赚一段就走，他们感觉这样既可以实现账面获利，又很务实。还有一种想法是，先从小波段赚起，等到做得好了，再来赚大波段的。

这两种想法在操作上都是大忌。我们前面提到，每一次进场，你都要重新面对风险，只有随着行情拉开成本，你的风险才会趋近于零。在这种零风险的状况下，你不就应该思考如何让获利最大化吗？也就是说不能只想着赚了就跑，因为赚了就跑，下次进场你就要重新面对风险。

所以，既然已经选对了，那就不能只局限于小赚，而是要想办法长期持有，甚至加码。这样才能实现大赚，以弥补止损带来的损失，也只有这样的大赚，才能累积财富，要不然就会变成穷忙族。赚赚赔赔，或是只赚一点小钱，好像操作上绩效是正的，但是事实上对你的财务状况并无大的改观。

而且事实上，让你小赚的操作方法和操作心态与让你大赚的大波段操作方式与操作心态是不一样的。小赚的操作心态与操作方法，怎么能套用在能让你大赚的大波段上呢？不同的操作方法在学习上是不容易堆栈的，让你小赚的操作方法和持有时的心态，是很难直接套用在大波段上的。就算操作方法一样，操作心态上也不一样，一只标的，你持有 5 天赚了 20% 卖掉，跟持有 50 天赚了 100%，操作心态上是完全不同的，所以从一开始就要练习建立持有天数比较长的心理时间轴，慢慢成长，直到习惯。

不要想着 100 元我可以分 10 次赚，前面提到过，这样成本会变成原来的10倍，失败率也会增加，整体下来绩效就会很差。而一次性拥有100元的大获利，不但持有的时候轻松，而且很容易弥补亏损，对信心的建立也有正向帮助，唯有如此你才能在这条路上一直走下去。操作获利和利用操作累积财富，事实上是两件事，而只有大获利，才有可能累积财富。

你想要通过操作赚到大钱吗？那就绝对不要只满足于小赚。

350 本书的自学经验

大学时我开始接触投资，那时候在图书馆里看了超过250本投资类书籍，毕业后陆陆续续又看了超过100本。

这对我的操作之路当然有帮助，但是看书自学是非常费时而且繁杂的。那时，我是新手，不知道什么重要，什么不重要，只会照单全收，从基本的财务报表、会计的财务数字，到技术面的技术分析、K线、均线、KD指标、MACD等各式各样的指标，甚至到哲学式的交易，陷入一种看了也不会操作的困境。事实上除了与我现在的操作系统有关的技术分析和心法我还记得，其他的内容早就忘得差不多了。

而技术面的东西，今天这本书教了一个指标，明天那本书又教了另一个指标，每本书讲的都神乎其技，都让我想试试看，一个指标不够，放两个，又学到一个新的，再加进去，一个屏幕放了 5 种甚至更多指标，这样综合分析应该更准确，不是吗？结果还是没办法获利。你说那些书都是骗人的吗？这些指标都没办法获利吗？我想不是的，是我自己没有透彻地理解使用方法。

除了看书，我后来也去上课学习，就算课上教的内容并不完美，但至少是比较系统的，我开始知道什么重要、什么不重要，以前看书学到的东西才开始发挥作用，与课上所学的框架融会贯通，再加入自己的总结，去芜存菁，才有了我现在的交易系统。

就这样，我每天研究 10 小时以上，坚持了超过 4 年，现在回想起来，这些都是我的经验的一部分。但是很费时而且走了很多弯路，也赔了很多不必要赔的钱。

我常常跟我的学员说，为什么要上课？因为可以买到我的时间，我花了那么多的时间和心力，才构建出这个系统，你现在只要花一些钱就可以获得，而且花的钱比我赔的少太多了。于你而言，如果没有掌握操作方法，可能赔得更多。所以如果真的可以学到一个有效的操作方法，那上课这件事就值得去做，不需要像我这样花费很多时间。

我认为，与其花时间自学，从头整合，不如去找一个肯教的老师学习，这样可以少走很多冤枉路。学会后，融会贯通，再进行优化，这才是最有效、最省时，也最省钱的做法。别忘了，你之所以想进市场，应该是想赚钱而不是想当研究员。

学习操作系统的 4 个阶段

学习操作的过程中一定会经历一些阶段，譬如上了很多课，学了一套操作系统，但是进场后，真的开始贴近盘面看盘，就会发现问题重重。然后又去找更多方法，想要找到更好的交易系统。

有时候问题不是出在操作系统上，而是我们自己对操作系统的认识不够全面，所以我把学习过程分为 4 个阶段，帮助你在学习操作系统的时候，好好地厘清自己现在走到了哪个阶段。

* 学会一套系统

首先，你有操作系统吗？是看书得到的，还是去上课得到的，或是你东拼西凑，把各式各样的招式组合在一起得到的？如果你都没有，说明你没有一套操作系统，那这 4 个阶段也就是空谈！你需要先建立一套操作系统，而本书教的就是一套很完整的操作系统。

当你有一套操作系统后，你需要了解这套操作系统是怎么运作的。举例来说，我们教的月台操作法，包含趋势的分析、北上月台、南下月台、如何进场、如何出场、如何加码等，每个环节，你都理解了吗？

很多学员学习后，还搞不太清楚一些点位的定义，甚至买卖点要符合什么条件都不清楚，说明还没有建立一套操作系统，一般人需要学习 5 ~ 20 遍，才会理解这套操作系统如何运作。也就是说，操作系统是一个“标准操作程序（standard operating procedure，SOP）”，就算还不会用，至少要懂它如何运作。

只有弄懂了操作系统才能进入下一个阶段，很多人在这个阶段会自以为懂了。如何判断自己是否懂了？拿一张线图，按照操作系统，有办法一秒钟指出来该如何进出场吗？有办法一秒钟看出买卖点吗？用这张线图找历史走势，看看用这个操作系统应该怎么做！只有搞清楚这些才可以进入下一阶段。

＊做大量的验证，体会操作系统

我们在上一个阶段学习了操作系统如何运作，那么操作系统是不是真的可行呢？因为我们很容易能学到一些操作系统，但能操作的行情很有局限性，所以我们必须去验证这套操作系统是否可行。这里说的验证不是把程序交易拿去回测，而是通过我们的双眼，好好去检视它，将一张一张的历史线图拿出来，一根 K 线一根 K 线往后推演。把后面的 K 线盖住，思考如果在当下，通过这个操作系统发出的信号进场，会不会顺利买到正确的位置，是不是会获利，获利要怎么出场，再一根 K 线一根K线往后推，如果是止损，那会是什么样的状况。

在这个阶段，我建议至少分析500张线图。事实上500张我也觉得不够，最好要10000张以上，一大段周线的波段，从下面的月台到上面都走完，算是一张；空头走势就倒过来看，算一张。把既定数量的线图看完：第一，你会对这套操作系统有信心，知道它会是一套可行的操作系统，知道按照操作系统的方式进出场会获利；第二，体会这套操作系统，我讲的是体会不是理解，理解在上一个阶段已经做完了，当你知道这套操作系统获利时、最糟时的状况是什么样的时候，你就能与它融为一体。

＊执行操作系统，收获好的结果

在经过大量练习，熟练运用操作系统后，才可以进入市场，根据操作系统发出的信号进场、出场，然后看到操作系统为我们带来收益。因为在上一个阶段，我们已经非常清楚操作系统的买卖点了，并且对这套操作系统给我们的信号有信心，所以就可以看到操作系统发挥的效果。

实际上，前面两个阶段会花费不少时间，第一个阶段可以通过上课学习来缩短时间。第二个阶段就像是练习扎马步，如人饮水冷暖自知，没有办法偷懒，想要练就真功夫，必须按照实际扎扎实实去完成。第三个阶段可以看到效果，这一切都是按部就班的。金融市场往往会让人产生可以不劳而获的错觉，事实上要把这件事做好跟做任何一件事情并且想要取得成功没有什么两样，都是必须付出努力的，熟练运用后才能有所收获。

如果你已经掌握了一套可行的操作系统，那么你已经进入大盘大赚小赔的阶段了，而且可能是稳定的。恭喜你！你应该继续坚持做这件事，这样就可以慢慢获利，让获利变成财富。如果你觉得这套操作系统在使用上还有一些盲点，那么接下来我们就进入下一个阶段。

＊优化系统

最后一个阶段叫操作系统的优化。我们已经掌握了一套操作系统，它可以让我们获利，但事实上这套操作系统不见得是完美的。所以这里有一个很重要的观念——系统不需要完美，你就能大赚小赔。这个观念比掌握一套完美的操作系统还重要。

如果你发现这套操作系统有不够完善的地方，就应该进入第四阶段来修正它，对它进行优化。一般投资人往往还没有经历前面三个阶段，就直接跑到第四个阶段，学了很多的方法，很多的技巧，但他不知道手上原本的系统就是个宝，还不甘心地继续寻找，没有好好发挥已学会的操作系统可以发挥的效益，变得顾此失彼，自然操作绩效不好，甚至赔钱。继续陷入一种想要找很多方法，可是却没有一个运用熟练的招式的恶性循环中。

要怎么优化操作系统呢？我们这里说的是优化操作系统，而不是建立一套操作系统，是让本来的操作系统变得更好，让本来的买卖点更准确，买得更低，卖得更高！如果你对操作系统所做的改善没有朝这些方向发展，那可能并不是正确的优化，保留原本的操作系统反而可能比较好。

以上就是学习操作系统的 4 个阶段，每经过一个循环，你的操作系统就会变得更好。如果优化到一定程度，已经可以稳定获利，那么停在第三阶段就好了，获利才重要，不是吗？

别忘了，你进市场，应该是想赚钱，而不是想当研究员吧。

想象与现实的差异

当我们进场了以后，当然希望自己购买的股票涨，看它从 30 元涨到 40 元，心里就想，这次应该有涨到 60 元的可能，当价格跌破停利点以后，心想还没到 60 元，可以再等等看，结果价格没有再回升过，卖在一个很差的位置。之后我们又发现了另外一只标的，买进后期待它涨停，因为它之前出现过涨停板，但不知道为什么，从进场那天起就没有涨停过，涨势也不太明显，最后甚至反转往下，但因为它之前出现过涨停板，所以坚信它一定是强势股，决定还是再等等看，结果没有在本来可以止损的好位置止损，反而赔更多。你有这种经历吗？

在我们进场的时候，总是抱着各式各样的幻想和期待，当现实的走势不如预期的时候，我们却不愿接受现实，坚持相信行情一定会按照我们想象的那样发展，导致操作结果变得很糟。本来可以卖在比较好的位置却没有卖，还在期待永远都不会来的价格；本来可以在最低的风险下止损，最后却多赔了一两倍；本来可以持有半年获利 100%，但觉得不会涨了，乱猜高点，持有 3 个月就卖掉了，结果只赚了 50%。这就是想象与现实的差异，涨 50% 是想象，实际涨 100% 是现实，想象导致了不好的操作结果。

操作应该是把脚踩在地上，一步一个脚印，看行情发展到哪里，我们就做相应的处理，而不是一厢情愿地苦等股票照着我们期待的价格、我们想象中的方向发展。所以我们不需要对行情有任何想法，只有专注于现在的价格走势，看是否符合操作系统的信号，才可以把注意力拉回到现实中。

当你这样做的时候，你反而会发现，绩效更好了。一个好的操作系统本来就可以产生好的结果，当你主观认定行情应该如何发展，操作偏离了操作系统的信号时，才会导致无法获得应有的成效。

所以当你的想法和操作系统不同时，记得要以操作系统为准。因为你的想法是想象，而操作系统的信号才是现实。

预测高低点的迷思

很多人学了一阵技术分析后，就开始想要找到最高点和最低点，以为这样操作就可以无往不利，能获得巨大收益，所以开始研究各式各样的目标测量技巧，如均线测量、箱型测量等。这些测量技巧用在指数类或是国际大型金融商品的预测中可能比较有效，在个股中，非常不准，而且没有必要。

为什么这么说呢？因为飙股主力介入深，配合基本面的财报业绩大好或是题材消息的利多，如果筹码控制得好，常常会有超额报酬率，连续出现涨停板，甚至涨好几倍，这绝对不是测量可以测得出来的。因为这是由当时的市场状况，即价量关系和筹码凌乱度决定的，这个部分是没有办法预测的。我们该怎么做？

举个例子，你学会开车后，开车去买东西，到目的地后，会停车下车买到东西。在操作里也是这样，你有操作系统以后，只要知道如何进场，在什么条件下该进场，在什么条件下该出场，这样就够了。

如果行情可以顺利北上，那就好好坐在车上，最好一直向北开，这样获利会更大。如果列车开到一半就不开了，那我们就下车！配合操作系统，就可以完成这件事。就算真的测出距离有多远，但你中途就下车了，又有什么用呢？

例如，你测出某只股票可以由 50 元涨到 100 元，但是涨到 60 元时你就卖掉了，那测量这个行为是否无效呢？如果你一直持有，涨到 95 元时，你还在等它涨到 100 元，结果价格不再上涨，行情反转，让你赚得更少，若是此时追加买入又卖出，那就更加得不偿失。测量永远都会有不准的时候，你怎么知道这次测量准还是不准？期待目标测量帮助我们做判断是不切实际的，不如回归盘面，知道出现什么状况要出场就好了，这样行情好就会赚得多，行情不好也可以全身而退。

重点是，不论整段行情的最高点和最低点你有没有办法全部做到，如果你可以找到一个方法，每次上车都能较稳妥地赚到整个波段的八成，就比每次猜高低点更有价值。

记住，操作时只要做到我们容易掌握的部分，然后坚持重复，绩效就会很惊人。

大手数赚小点数

很多人常常在看到一些获利很不错的对账单后觉得非常兴奋，但你要注意，他可能是透过大手数 100 手，去赚小的价差。譬如说他买了 100 手期货赚了 10 万元，你觉得获利惊人，但是事实上一手只赚了 1000 元，这样的获利值得赞许吗？

事实上这并不是很好的操作模式，以台股指数期货为例，一手只赚了 5 点。但如果他能坚持持有到更好的出场点位，这一手可能可以赚 200 点甚至 1000 点，获利就会变成 400 万元甚至 2000 万元。也许你觉得赚 10 万元也很好，但是如果是赔 10 万元你就会觉得不太好了。

想要获取这种蝇头小利就会伴随巨大风险，随着成交手数的放大，相对来说，风险也等比例地放大。赚小小的价差也许很迷人，但是行情永远都伴随着风险，大手数的风险可能是一般人没有办法承受的，而一般投资人通常会抱着“反正我只要大手数下去赚一点点就跑了”的心态。

因此我们提前控制既有风险，再来做这件事可能才会比较合适。比如说，这 100 手我们最多只能赔 10 万元，那么我们就不应该满足于这 100 手进场获利也是 10 万元。因为这样风险报酬比变成了 1：1，如果承担一样的风险，但是获利可以提高到 100 万元，那么风险报酬比就变成了 1：10，如果获利是 400 万元到 2000 万元，那风险报酬比就变成 1：40 到 1：200。在资金管控的章节我们提过，只有风险报酬比拉大，你才有能力承受风险，既有风险 10 万元没有扩大的状况之下，获利变成 10 倍，甚至 40～200 倍，这样才容易大赚小赔。因为操作不是 100% 获利的，所以你必须容许自己犯错并设定次数，才能让自己存活得久一点。

你以为 100 手赚 10 万元不难，事实上赔 10 万元也一样容易，如果胜率为 50%，你就很容易赚赚赔赔，白忙活一场。

要放大手数，除了要熟练运用操作系统以外，还必须考虑到手数放大以后，风险也会跟着放大，这种风险是我们能承受的吗？如果没有办法承受，手数就不应该放大。这就是大手数赚小点数的过程。

记住，操作就像一场马拉松，我们要一直存活在市场上，才有机会可以继续在市场上把握下一次获利。

“一”的威力

当你掌握了一套操作系统，开始进场以后，你会依照操作系统的买点进场，然后持有，一直到获利出场，完成第一次完美操作，而这次完美操作的经验，我把它称为“‘一’的威力”。

如果是正确的交易，就会在一次又一次的累积中增加获利。

只有你真正体会到用正确的方法进场然后获利的过程，才能将这种经验内化。这就像投篮一样，当你的球投进篮筐以后，你就获得了经验，知道怎样投更容易进。在操作里表现为，你知道怎样做会获利，把这种经验记下来，将来这种经验就可以被复制，所以“‘一’的威力”很重要。你拥有了它，就可以让它不断再发生，不断地产出好的结果。

在止损方面也是一样，你有了第一次正确止损的经历，并且把它内化为经验，那么未来止损时，就会非常清楚地知道为什么要这样做，这样做对我们有什么好处。也只有切身体会了，以后止损时才不会心痛，可以为未来的获利做更好的准备。

武侠小说里常常有一种角色，他什么招式都不会，像是《天龙八部》里的段誉，刚学会六脉神剑的时候，他没有办法把六种神剑都运用自如，他在战斗的时候，舍弃掉其他五种，只使用一种，反而让他克敌制胜。有很多类似的角色，本身资质平庸，甚至有些驽钝，幸得贵人提点，虽然只教一招，但他钻研透彻，练得熟练，也可以变成称霸武林的翘楚。

把一套招式练得很熟练，一定要比同时练好几招更容易，能把一招练得很强，那就叫作绝招。

你想学绝招吗？那就把一招练得很强吧。

操作就像一场马拉松

在本章节，我一直强调操作就像一场马拉松。我一直觉得从操作中可以体会人生，它在很多层面与我们的生活经历类似。若你想要把马拉松全程跑完，你必须具备足够的体力，若平时没有练习跑步，就很容易出问题，比如体力不支，甚至出现更加严重的症状。我们学习操作、进入市场也是如此，没有人希望进入市场后就“毕业”，所以才需要不断锻炼自己，储备足够的操作技巧，具备足够的操作实力，你才可以上场。

进入市场后，也不会有人只交易一次，因此，你的操作累积起来，就像在跑一场马拉松。跑马拉松需要合理分配体力，在操作里表现为资金配置，如果没有合理分配资金，只会全力冲刺的话，你不可能跑完全程。因此在操作中一直保存下一次还可以进场的资金，才能应付突发状况。

当然，跑马拉松也有需要冲刺的时候，一路上超越其他对手。在操作里表现为，当你发现你手上的仓位正确的时候，此时就可以加码或扩大仓位让获利继续放大，在操作里你没有其他对手，唯一的对手就是你自己，一次一次的进步和获利让你自己的马拉松里程不断地往前推进。

你经历的每一次止损，就像是到了马拉松赛程的中继休息站，让你的旅程停摆一下，休息好以后再继续上路，这些休息是必需的，没有适当休息，怎么会有力气跑完全程。

进入市场后，没有到达终点的那一天，除非你离开市场，不然你就会一直在这个赛事里。既然如此，最重要的绝对不是跑多快而是可以活多久，还没赢就要先想不要输，只要没输，就有机会赢。

别忘了操作就像一场马拉松。

静坐与操作

所谓静坐，是一种将心静下来的方式。要想操作得好，心静是很重要的，心静下来，看行情时就会更加清楚，持有这个仓位时就会冷静，卖出后股票或涨或跌都不会轻易让你心情起伏。静坐可以帮助我们在操作中静下心来，让我们的情绪稳定，情绪稳定思绪就清楚，判断力就会好，而操作需要的就是冷静，还有明确的判断、果断的决策。

一开始练习静坐可能会觉得非常的烦躁，静不下来，所以一开始的时间不用太长，3 到 5 分钟即可。可以从一天 1 到 3 次开始，从 5 分钟慢慢延长到 10 分钟甚至 30 分钟。在这里，推荐阅读杨定一博士的《静坐》，书中以科学的角度来说明静坐对人的帮助，帮助我们理解静坐这件事。

事实上静坐不需要理解，照做即可。你也可以在网上找相关的教学视频，开始练习一段时间，可能是几周，可能是几个月，你就会察觉到静下来的状态。这是一个长期练习的过程。

简单的做法是，在座位上坐正、坐挺，手放在膝盖上，后背挺直，闭上眼睛，很自然地坐着，什么都不要想，思绪纷飞时，可以通过数息，观察呼吸的“进”和“出”，感受呼吸，慢慢地吸，慢慢地吐，一切都很自然，不用刻意，不用带着什么目的，不用达到什么目标，静静坐着就好。

坐久了自然会感觉到效果，这对操作心态、对生活的各个层面都会有启发，都会有正面的帮助。所以我非常鼓励每个人都去做这件事，人生不是只有操作，还有很多其他的方面，各方面都好，人生才会圆满，要不然就算操作得很好又如何？最后穷得只剩下钱而已。静坐这件事就只是坐而已，只管打坐即可，如果你想操作得好，那就做吧，不要想太多，也不用问太多。

你要现在就试试看吗？要一辈子坚持做下去。

市场价格的地心引力

生活在地球上，我们每个人都受到地心引力的影响，那你知道市场里也有地心引力吗？价格的推升需要各方人马的拥护，也就是在技术面产生价涨量增、价量齐扬。不只是主力和公司拉抬，还包含了散户的“共襄盛举”，这样主力要拉的时候才会有人追价，要出货的时候才会有成交量可以出货。

出货完毕以后，如果成交量暴增那就会卖得更凶猛，当没有人进场，没有成交量时，价格也会自动跌落，因为下面已经没有人在支撑了，当没有人撑住价格的时候，价格就只能往下走。这就是市场的地心引力。

你想想，如果今天有一个拍卖会，50 元起标，当大家都想买的时候，价格就会越标越高，这就相当于市场上的价格被推升。如果今天有一个商品从 50 元开始起标，但没有人竞标，这次就流标了。如果想要卖出去，是不是就可能改为 45 元起标。若还是流标，就再往下修正，所以价格就越来越低。这跟市场行情一样，当没有人愿意接受这个价格时，价格就会越来越低。

卷心菜盛产的时候都没人要，价格会越来越低。金融市场也是如此，没有人承接的时候，价格就会像被地心引力吸引一样往下跌落，越没人买，跌的速度越快，再加上有人卖的话，更是会加速下落。所以为什么做空时价格会跌得比较快？如果你做空做对了，你很快就可以感受到下跌速度拉开成本的感觉，这就是市场价格的地心引力（图4－4）。

你知道吗，如果没有地心引力人很难生存，就像航天员在太空舱里的生活一样，什么东西都飘来飘去的，你要拿个东西也不好拿，很麻烦。

跌的速度往往比涨的速度快，因此，做空如果做得对，往往也赚得更快

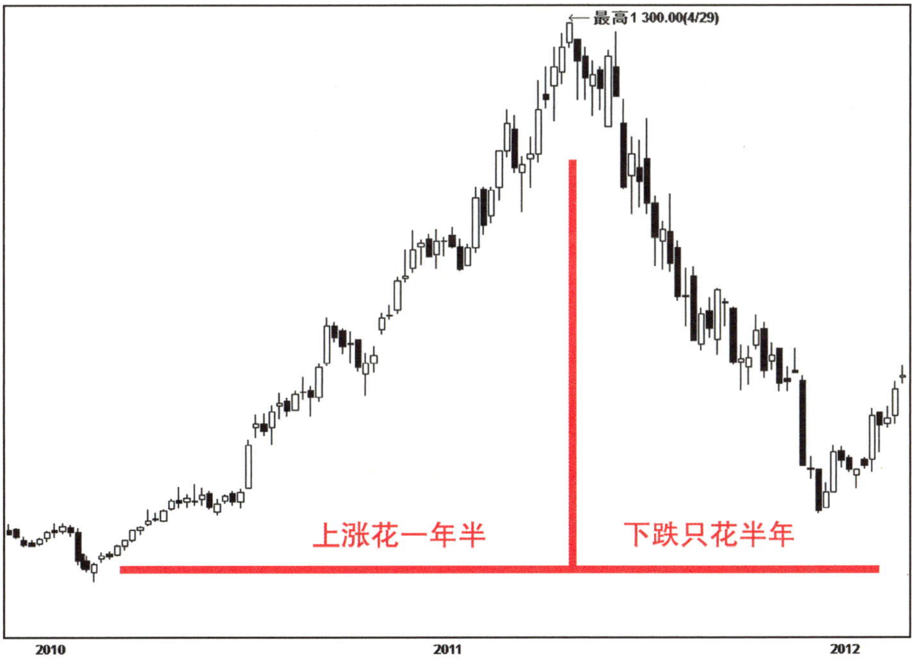

图4－4　市场价格的地心引力

资料来源：凯卫HTS。

现在你了解了市场价格存在地心引力这件事，你就可以利用它获利，因为你知道做空的价格下跌速度比较快，只要选择正确的金融商品就可以享受空头走势狂跌的快感。在个股方面，我们可以融券做空，也可以利用个股期货，以及个股的权证。在指数方面，可以用指数期货，大台指、小台指或者选择权。这些都可以做空，不过必须考虑到各种商品的杠杆不同，以及自己能够承受的风险大小，这和我们前面讲的并不冲突，可以接受最大限度的亏损以后，才可以进场。

这样我们才可以“多头走势可以赚，空头走势更易赚”，这才是一个操盘手需要具备的完整实力。

自己想操作时，市场就要有行情

很多做投资的朋友和学员学了一些方法后，就会有一种奇怪的想法，觉得只要我想进场，市场就必须要有行情来给我做。

这是一种本末倒置的思维模式，也是一种常见的错误操作观念，行情是市场给的，我们前面做了很多的比喻，市场就像大自然一样有它的律动，我们能做的只有等待，所以行情不会听我们的，只有我们听它的。

因此你想操作就会有行情来给你做的想法是错误的，如果碰到这种情况，也只是你刚好在那个时候遇到行情，而不是你想要操作，市场就要给你行情来操作。

很多朋友赔钱，都是因为有这样的想法，你学会了方法，想要小试身手，就赶快进市场下单，来证明自己的实力，这就是一种控制市场的想法。

没有想要种稻子却不考虑现在是什么季节就跑去播种的农夫。也不会有想要搭火车，不在月台好好等车，而是冲上铁轨的人。更没有想要搭电梯，不等电梯来就先把电梯门拉开，直接跳进去的人。

怎么可能只因为你想操作，市场就要有行情让你做？

好好等待最佳的买卖点，观察线图，做功课，出现好的点位才进场，这才是正确的，而这与你自身想不想操作没有任何关系。

大量练习的重要性

我们学完操作系统，进入学习的第二阶段，这一阶段需要大量练习，大量是多少呢？

我当时练习的时候，每天看盘 10 到 14 个小时，持续了 4 年以上。台股每天开盘时间也才 4 个半小时，其他时间看什么呢？事实上不是利用开盘的时间来“看盘”，而是找大量的历史线图来练习，练习做得多，遇到情况相同的图形，自然容易做决定，自然有信心。

你有听过 10000 小时定律吗？这个定律是指如果你在某个专业领域，花费 10000 小时的努力，你就会在这个领域中有杰出的表现。回顾一下我那时候练习的时长，每天 10 到 14 个小时，持续 4 年以上，每天按 10 个小时计算，4 年就是 14600 小时，是不是大于 10000 小时了？当时我并不知道这个理论，但我却在不经意间实践了这个理论。

我想这个道理很简单，俗话说“学徒也要学三年才能出师”，我们没有在一个领域用心钻研，怎么能期待在这个领域有所成就，有所发挥呢？我认为每个人的能力都差不多，智商也许有些许差异，但只要肯下功夫，付出的努力够多，我们就会变成这个领域的天才。

操作想要炉火纯青，历史线图至少要看 10000 张以上。一个周线线图的大波段从最低点到高点走一遍横跨 1～2 年，一段算一张，要看 10000 张以上。在看时要把线图往前推，把后面的走势盖住，思考若是你身在其中会如何判断，这样的练习才会有效。这种练习都是真功夫，没有办法传授，就像练体力一样，绝对没有另一个人可以帮你练，只能自己练习。这也就是我再三强调大量练习的重要性的原因。

师父领进门，修行在个人。跟好的师父学习，可以缩短学习时间，但如果自己都没有下过功夫扎马步，那么很容易风一吹，人就倒了。这个时候你可能又觉得“老师教得不好”“市场不对”“运气不好”，却不愿意把这些抱怨的时间花在好好练功上。你想要在操作上有所提升吗？你看过上万张的线图了吗？

看不懂的图不要做

当你学了一套操作系统后，你一定很想赶快进入市场小试身手，但是一入市场就会遇到各式各样的问题。很多人都是这样，学了一招半式后就觉得这些自己都应付得来，大小行情全部都要做，想要这也赚那也赚，结果就是这也赔那也赔。

从月台操作法可以看出，我们是在挑选特定图形，也就是有符合条件的月台才操作，不符合的就不做，因为标的有很多，根本不差这一只。

但一般投资人都有一种心态，即想要全部都做到，觉得自己学了方法就应该能做到。事实上这是不必要的，也不重要，因为只要不是我们想要的图形，那么它的走势就不容易被猜中，我们的失败率就会增加。我们要的是获利，而不是增加失败率，所以自然要把有可能失败的、不确定的标的剔除。

同时，想要掌握每一只标的，就代表没有好好选择，好的也做，不好的也做。如果你选的股不好，很难是飙股，那么当别人的股票在飙升的时候，你的标的就不会动。股神巴菲特讲过：“我专门在找 1 尺高的跨栏，然后轻松跨过去，而不是试图跨越 7 尺高的跨栏。”这是一样的意思。

如果我们只选看得懂的图形操作，那么绩效就会很好，而大多数投资人学了方法，就想要掌握一切，殊不知我们学方法，只是要找那个容易跨过的 1 尺高的跨栏而已。

还记得我们在学生时代为什么要做很多练习题吗？就是为了正式考试的时候，只要出现和练习题一样或是类似的题目，我们就可以轻松作答。我们学操作技巧、操作系统，然后做大量的练习，就是为了在行情盘势出现类似的状况时，能够轻松掌握。

所以，下次遇到看不懂的图形，不用再纠结了，去找看得懂的吧。

线图中 K 线的数量

在学习技术分析时，我们常常把专注力放在各式各样的技巧或者是技术指标上，如均线、KD、MACD、威廉指标、酒田战法的 K 线形态，抑或是传统技术分析的形态学，等等。学习这些技术指标没有错，但很少有人会注意到一个很值得注意的地方，那就是线图中 K 线的数量。

我们想要提升对线图、趋势、行情的敏感度，需要用不同的眼光来看 K 线。从宏观上看，用日线图来说就是大约 500 根 K 线，相当于行情走两年的时间，然后把图形放大一点，大约 250 根 K 线，相当于行情走一年的时间，最后再放大到 100 根 K 线左右，相当于行情走半年的时间。这样在看图的时候，从宏观进入微观，从大到小，对整体的走势会有清楚明了的印象。

先观察 500 根 K 线，再看 250 根 K 线，接着分析最近 100 根 K 线（见图 4－5）。

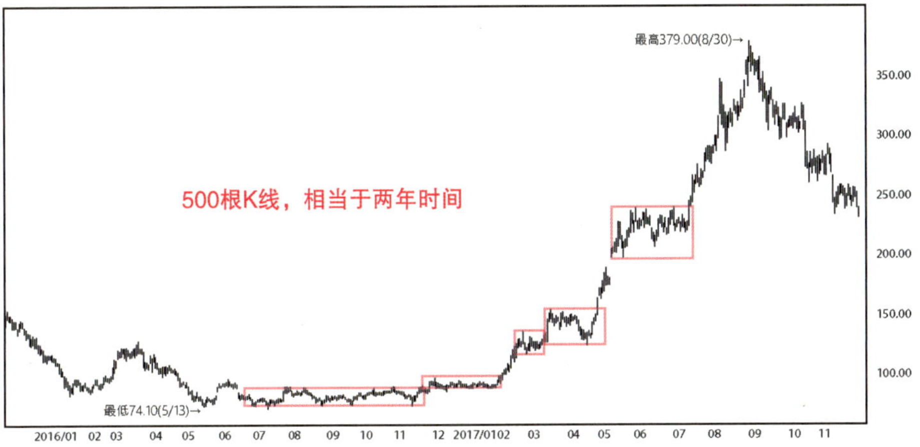

（a）500 根 K 线

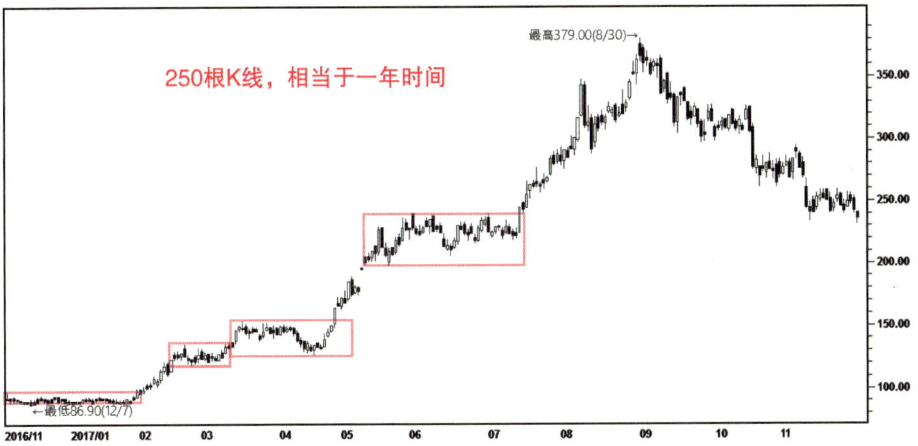

（b）250 根 K 线

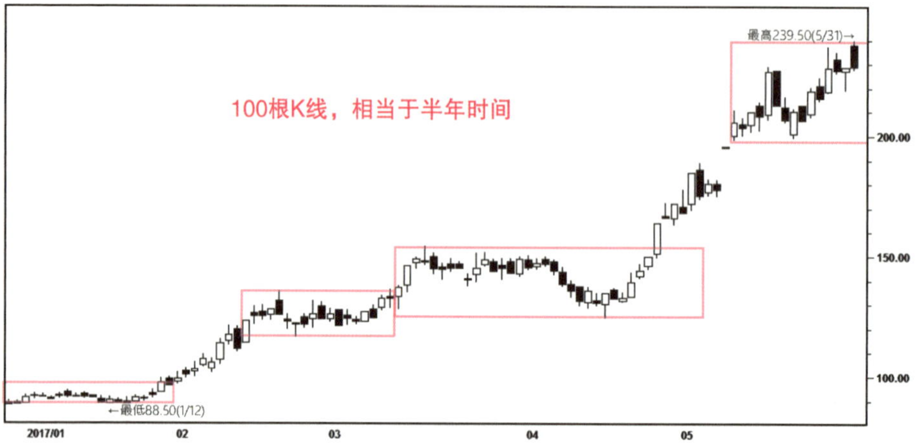

（c）100 根 K 线

图 4－5 不同数量 K 线的价格走势

资料来源：凯卫 HTS。

我们用 500 根 K 线来看这只股票的历史走势，观察它从什么位置起涨、从什么位置起跌，可以对这个标的高低位阶有一个初步的认识。如果你发现它已经从一个长期的下降趋势进入了一个筑底的走势，甚至已经开始准备北上出月台了，那么我们就可以只看 250 根 K 线。

我们来看看目前的走势是不是已经符合了空头走势转多头走势的特征，也就是我们前面讲过的“价格波动的规律”，有出现“底底高，峰峰高”吗？或者是有出现好彩头吗？还是现在在月台里，等着出月台呢？这里大概就可以对这个行情的走势有一定程度的认识，剩下的就是观察要进场的时候的情况，可以只看 100 根 K 线来找精确的进场位置以及明确的止损位置。

我们只看 100 根 K 线的时候，才会开始注意现在的价格，才能开始抓成本，判断要用多少仓位进场，止损的时候风险有多少。从宏观到微观，这是一个完整的看盘技巧，我们在做大量练习的时候常常会用到这种看盘方式。

这就像是我们在看地球仪的时候，先找到亚洲，再找到东亚，然后才找到我们想找的中国台湾。反过来也可以从中国台湾，看到周围的地方，再看到中国台湾在整个地球上处在什么位置，这就是从宏观到微观，再从微观到宏观进行观察。这样对整个走势会有更清晰的认识。而我们看线图的时候，也会因为这样的练习，提升操作敏感度。

学员们经常遇到这样的问题：想要看月台，看趋势，用手机软件打开一看，结果大概只有 20 根 K 线，什么都看不出来，见树不见林。在这种情况下，怎么可能学习到正确的技术呢？这有点像看着方向盘开车，什么路况都不知道，只知道要直走或是要转弯，关键是前面有没有路让你直走或转弯呢？特别提出来，是希望你在练习的时候，也能好好运用这个小技巧。

个股与大盘的联动

我们在新闻上常常看到今天加权指数涨了多少点、跌了多少点，上证指数上涨几点，美国道琼斯指数下跌几点，等等。为什么通过这些指数就可以大概了解市场现在是什么状况呢？我们明明做的是个股，为什么不去看这只个股到底是涨还是跌，而是去看大盘？当然在实际操作的时候，主要还是观察我们手上的个股，但观察市场大方向的时候，加权指数也就是大盘的动向就显得非常重要。

加权指数是整个市场的加权平均数，类似班上同学考试的加权平均分。一些市值占比较重的股份，比较容易影响加权指数，当加权指数升高的时候，我们可以肯定，市场大部分的股票都是上涨的，也就是说如果你们班的同学考试考得都很不错，那加权平均分一定也会高。

个股会跟着大盘的方向走，因为市场上存在着趋势，而趋势是所有人都必须遵从的方向，不论你是主力还是外资，成是散户，没有任何一个人可以忽略趋势。

当大盘出现明确的趋势时，也可以让这些主力配合大盘的动向，让个股跟着大盘走。所以大盘涨，股票跟着涨很正常，而大盘跌，股票也容易跟着跌。当然也有例外，因为并不是每一个主力或者每一只股票的涨跌都会与大盘 100% 的配合。譬如说，这家公司突然有了并购的利多消息，那可能在短期内，大盘虽然在跌，股票还是会因为这个利多消息而上涨；相反，如果这家公司刚好出现了负面新闻，比如工厂倒闭、高阶主管离职，或是遇到了官司纠纷，那明天就算是大盘在涨，股票可能也会因为这些事件的影响而跌停。

除了这些方面，在其他的部分，个股和大盘的联动也是非常密切的。

基本上个股都会跟着大盘的方向走，我们需要做的就是在个股里找到好的进场点。如果这时大盘的趋势是往上的，甚至大盘也出现了买点，那么就是双重信号的确认，即大盘出现确认信号，个股也出现确认信号，这种情况下准确率会上升很多。

基本上大盘出现买点，而个股也出现买点时，成功率最高。大盘出现了买点，过了两三天个股也出现了买点，这种情况也不错。比较差的情况就是大盘短线准备拉回了，个股才出现买点，这种与大盘不同步的股票，失败率可能比较高。

当然也有主力跟市场不同，甚至背道而驰，但如果大盘转弱，这种股票可能就跟着大盘被带下来，股票上涨需要众人拥戴，但只要“人去楼空”，价格就下来了。所以大盘涨，个股不见得会跟着涨，但大盘跌，只要是没有人支撑的股票，很容易就会跟着跌。这也是个股和大盘的联动。

因此在操作的时候，应该先确认大盘的方向，再来看个股精确的买卖点，只要大盘方向是对的，个股再出现买点，买进才容易成功。个股和大盘产生买点的时间不会完全同步，有时候会提早或延迟，出现在大盘产生买点的前后一两天，因此除了站在趋势对的那边，也要站在与大盘方向一致的那边。

不要只着眼于个股，大盘趋势也是重要的参考指标。

看山是山，看山不是山，看山又是山

我们常常听到这句话："看山是山，看山不是山，看山又是山。"这是很有禅意的一段话，意思是当我们什么都不懂的时候，看山是表象的山，没有什么特殊意义。而当我们开始深入了解以后，我们知道了山中有四季，有生态系统，有虫鸣鸟叫，还有云烟缥缈，山已经不再是原来的山了，这就是"看山不是山"。

当我们越来越清晰地认识山后，我们会更加清楚，山就是由万物组成的，我们看到的是一种圆满的境界，一种浑然天成的合而为一，这个时候"看山又是山"了。

我们学习操作时也是如此，你初入市场的时候，看

K 线，看均线，看指标，什么都看不懂，它们对你来说就是一个名词，一根线，一张图，这些东西对你没有什么特殊意义，这就叫作“看山是山”。

而当你开始深入学习之后，它们对于你的意义不同了，本来对你没有意义的红黑 K 线，现在有意义了，本来只是红黑杂乱交织的线图，现在因为学习了这些 K 线的搭配组合，着眼点不同了，眼中有了 K 线组合，看到多头信号会兴奋不已，认为这里很可能就是起涨点，于是冲动地买进，买进后，K 线形态又开始看不懂了，每天都有十字线，好像是止涨，因此赶快卖掉，结果隔天它又开始涨。

你会觉得一定是自己学得不够，没关系，继续精进学习。学了 KD 指标后，把之前学的 K 线形态又丢到了九霄云外，眼里只剩下黄金交叉和死亡交叉，买了就涨，卖了就跌，觉得这才是绝世神功。做了一阵子，结果行情大喷出，开始疑惑怎么 KD 指标死亡交叉后，行情还在涨，指标钝化了，该如何进场？随便可以赚 20 元以上的行情，只赚了 5 元。

一定是自己学得不够，没关系，继续精进学习。于是又学了均线，本来觉得画在线图上乱七八糟的均线让人摸不着头脑，现在懂得均线的扣抵值，均线的助涨助跌，懂得均线也有黄金交叉和死亡交叉，结果眼里又只剩下均线了。站上均线买进，跌破均线卖出，本来一张完整的线图，现在被大卸八块，K 线是 K 线，均线是均线，指标是指标，每个都有不同的用法，每个都是独立的，甚至彼此冲突，这就叫作“看山不是山”。

而当你融会贯通以后，K 线不再只是 K 线，均线也不再只是均线，指标也不再只是指标，它们融合在一起，又变成了一开始的那张完整的 K 线图。但是它们所表达的意义与你刚开始学习时已经完全不一样了，你开始听到市场对你说话，你开始发现它们各自发挥的应有的功能，这些你学过的东西，在告诉你“我不是独立存在的”。此时你开始理解它们背后的含义，这时候“看山又是山”。

每个人在各个阶段停留的时间长短都不一样，但这种心路历程，绝对是每个操盘手都会经历的。从刚开始进入市场，开始赔钱，开始找方法，到开始学习，开始练功，再到有了进步，直至获利，再回头看当时走过的点点滴滴，“看山是山，看山不是山，看山又是山”。

所以我说从操作中可以体会人生，不是吗？

你为什么想要进入金融市场

你为什么想要进入金融市场？我想这个问题，百分之九十的人一定会回答，因为想要赚钱。那我问你，赚钱的方式那么多，你为什么会觉得进入金融市场赚钱就很容易？上班也可以赚钱，做生意也可以赚钱，为什么选择金融市场？因为金融市场没有门槛，只要去开户就可以下单，不用跟任何人商量，不用听命令，不用被别人管，只要拿起鼠标点几下，就可以获利了。事实是这样吗？

我一直认为这个问题非常重要，如果你只是想赚钱，而且想赚大钱，那不是应该去做生意吗？你看乔布斯，你看郭台铭，你看某些生意很好的店，不是赚得也不少吗？甚至比一般小资族每天在当冲交易中赚便当钱不知道要多几倍。

是因为你觉得做那些事很困难，认为用手机下单很简单，所以你以为可以做。你的上班时间不允许你去做生意兼职，但是可以让你找到时间溜去厕所偷偷看盘，偷偷下单。

事实上如果你认为进入市场赚钱很容易，那代表你一开始就持有不正确的观念，想想郭台铭，为什么你觉得你不会跟他一样？你若跟他一样你不就可以赚很多钱吗？那为什么要进入金融市场呢？因为你觉得他会的东西你不会，你做不到他能做的事。那么你凭什么觉得，你进入金融市场，就做得到这些操盘手、赢家们做得到的事了呢？这两件事情不是一样的吗？为什么会有不同的想法？

我认为想要在金融市场上操作得好，你不能只是想赚钱，还必须对做这件事情有热忱，有兴趣，对于看枯燥的线图也觉得很有趣，讲到这一点，我知道很多人做不到，那么你怎么能期待你会把操作这件事情做好呢？

股市教父胡立阳在书中和演讲中提到过，投资股票是很有趣的事，你可以注意一些新闻，然后每天在生活中找到乐子。他帮散户投资人重新定义了投资股票这件事，让他们不会只在赔钱和赚钱的旋涡里打转，让生活多了一点情趣。我听到后真的很佩服他给投资人的鼓舞，他在证券公司当副总裁，一定看过太多前仆后继的投资人进入市场惨赔后离开，所以他希望这些盲目的投资人，不要只是为了追逐金钱踏入这个吃人的市场，尤其是还没有下任何功夫，做任何努力的那批人。

我平常也不鼓励别人进入市场，因为我知道在市场里，成功的人一定是少数，像我这样努力练功的人也是少数。你没有在这个领域下过功夫，凭什么用几个月的时间能赚别人工作 3 到 5 年的薪水？

讲到投资理财就与金融市场脱离不了关系。如果你的目标是比定存的收益好一些，稳健低风险地让资产累积增长，那我建议你去做股票的定期定额投资，这是一种不用学习操作，简单，又可以让资产增值的方式。

但如果你进入市场是想创造一夜暴富的神话，那我建议你去买彩票，反正这两件事要发生的概率都不是很高。

如果你是想要在市场上获取超额报酬，稳健的投资人一年赚 5%，你想一年赚 50% 甚至 500%，而且你愿意下功夫，让自己在这个领域有一些成就，那么你必须跟一个好的老师学习，必须肯静下心来扎实练功，这样有朝一日才有可能达成你设定的目标。

同时你要做最坏的打算，努力了还是没有办法达成目标时，你该怎么办呢？日子还是要过，饭还是要吃。既然如此，就别让操作变成你生活的全部。因为生命中还有很多美好的事情值得我们花时间去享受。

一样是进场，你是战战兢兢还是冷眼旁观

你看到操作系统产生的信号，告诉你可以进场，你按信号提示进场了，请问这个时候你的心情如何呢？你是战战兢兢，怕行情往下跌，选择止损，还是战战兢兢，期盼行情上涨，遇到回档生怕它一下子就不涨了？

同样是进场，一般投资人和操盘手有一个很大的差别，一般投资人会很期待或者是很紧张，既期待这次会获利，又很怕这次会赔钱。操盘手却是用一种比较抽离

的状态看待这件事，不论是获利还是止损，就只是看着这件事发生而已。并清楚地知道，出现什么情形要用什么方式处理，这样就不会让情绪影响操作，因为他们从一开始就有明确的操作系统和进出计划，所以那些期待和担心都是不必要的。

可以把进场视为开车上路，你不会因为开车到达目的地，就对今天开车这件事情异常兴奋，也不会因为迷了路，就自责到把车子砸了，你知道只要找到对的路再前进就好了。也就是说，获利的时候将之视为好好遵循操作系统可以得到的回报，是自然的成果。而止损的时候，知道要退出休息，把握住下一次机会就好了。一般投资人进场后，心里有种不确定感；操盘手进场后，心里有一种笃定感。两句话，就把操盘手的心声全部道尽。如果你没有其他枝枝节节的想法，那么恭喜你，你达到操盘手的心态水平了。操作从来不是一件复杂的事，当你可以让心态纯粹到这种程度时，你的操作实力和心态就会更上一层楼。

学会方法以后，越笨越好

假设我们今天学习到一套操作系统，就如前面所讲的，经过四个阶段的学习并且优化，我们的操作系统会变成一套有效的、获利能力强且简单的操作系统。到这里，你应该做的事情就是重复执行这套操作系统。

如果这套操作系统已经进入不用优化的阶段，那就不要再去听一些似是而非的方法，或者看一些媒体炒作的新闻或节目，或是听朋友们讲哪只股票会涨的消息，只要重复执行这套操作系统即可。像愚公移山，一点一点地挖，每天都重复做一样的事，也许人家会笑你笨，但在操作里，如果能一直坚持做这件事情，你的绩效就会很好。一般投资人操作不好，不是因为他笨，反而是因为太聪明了，总认为有更好的方法，总认为各种消息都应该涉猎，总认为自己是对的，总是将各式各样的一己之见加入自己的操作里，结果在操作时面临一堆意见。

我们学方法，不就是为了获利吗？当我们学会方法以后，变“聪明”了，开始自己下指导棋，操作中最忌讳的就是自以为是，还不认错！这看似聪明，实则愚笨！而看似最笨的，只会一直照着方法做的人，却获利最大，也最轻松。

所以你想当哪一种人呢？

股市操作最大的秘密

你想知道股市操作里最大的秘密吗？所谓最大的秘密，就是可以让你操作时以小搏大，获利倍增的方法。这就像是盖世神功，像是必杀绝技，像是“神剑一出天下无敌”的奥秘。如果我告诉你这个奥秘，你想听吗？

知道这个奥秘可以让你多赚钱、少赔钱。这就像商业机密，你觉得餐厅老板会告诉你食谱配方吗？如果它真的有用，你觉得值多少钱呢？100 万？1000 万？

现在我要告诉你的秘密分为方法和心法，方法有很多种，我在本书前面章节提到的就是其中一种，而心法则是最核心的内功。

江湖一点诀，说破不值钱！绝对不要小看这些看似简单，却意义重大的观念，体会后你会发现它意义非凡！

你想要一买就涨，想要在市场上呼风唤雨，好像市场是为你而开，这是可以实现的吗？不是，这是做梦！这不是务实的做法，而且这件事不是最重要的事。

你想要增加获利，在股票市场里，你一定会想买到飙股，这件事很加分！但这也不是最重要的事。事实上找到飙股并不是让你的操作大获利最主要的事情。

找飙股也是很多朋友想要了解的，这里就简单分享一下如何找飙股。

一个标的能够成为飙股，它一定有一些迹象，我们把飙股的历史线图画出来，可以看到所谓的飙股至少能够涨一倍，没有涨到一倍就不能称之为飙股。这些飙股出现的迹象是什么？答案在线图里。通过观察这些飙股的历史线图，你会发现飙股起涨前都有特定的模式，既然如此，就像前面操作系统所教的，找到特定的图形，当它又出现的时候，我们进场的成功率就会大增，买到飙股的机会就会变大。但正如前文所说，找到飙股只是锦上添花，每一次的大盘启动，要找到涨一倍以上的股票不难，但要利用这样的股票大获利就是技术层面的事了，也就是接下来要讲的部分。

操作最大的秘密是什么?

你想要创造高报酬率，那么只要亏损的时候仓位缩小，获利的时候仓位放大，长久下来你的绩效就会十分惊人，而且有短期致富的机会。这就是操作里最大的秘密。

想办法降低损失，尽可能增加获利。

什么?这是废话吗?你觉得这没什么嘛!

如前面所说，假设你开了两家店，一家在赔钱，一家在赚钱，我们会把赔钱的店关了，留下获利的店。赔钱的店关了，这叫作控制亏损，尽可能降低风险，但只留下获利的店，可以让你获利，却不会创造高报酬率。如果我们再开一家获利的店，甚至再开好多家店，就可以放大获利，只有在获利时不断扩张，才可以有效并快速增加获利。

的确，操作技术很重要，通过学习操作系统，可以把需要的技能学起来。没有方法其实是没有办法操作好！如果你说不用学习方法，也可以操作得很好，我是不相信的！操作技术学到一定程度就可以了。也就是说，确认一套操作系统可以有效执行，确认这套系统可以大赚小赔，基本上就可以上场了，剩下的是优化，让它变得更好而已。

这就是基本功，所以一般投资人要花很多时间找到技术，学到方法，花心力把基本功练好，这是必须的，也应该做的。很多投资人没办法在操作上大赚小赔，的确是因为没有学到正确的操作技术，也就是没有掌握操作系统。所以如果你缺操作系统，当然就需要学习，没有操作系统还不学习，后面的也不用谈了，其他的也不用说了。你知道了操作里最大的秘密也没有用，好比你连车都不会开，学会如何把赛车开到最快的技术又有何用?

关于如何控制亏损并且扩大获利，我们在资金管控这个章节，说得很清楚。如果你想要获得超额报酬，除了在第一个月台进场，第二个月台加码之外，在第三个月台、第四个月台也都加码呢？这是不是在获利状况下不断扩大仓位？而风险只有一开始一个仓位的止损金额。这是不是符合“尽可能降低损失，尽可能增加获利”的原则？

在行情结束反转的时候，大概只有最后一次加码止损，倒数第二次获利回吐，或是损益两平出场，其他部位都是获利的。那你算算看，如果只在最低点买一个仓位，然后卖在最高点，你的获利有办法大于这样层层加码产生的获利吗？

所以有没有买在最低点和卖在最高点根本不重要，有没有达成“尽可能降低损失，尽可能增加获利”的目标才是最重要的事。

操作里最大的秘密，我已经告诉你了，不知道你能体会多少，你体会得越深，就能通过掌握更多的方法来实现它。人很奇怪，往往不会珍惜这种轻易得到的宝藏，你愿意付出多少代价来换这个秘密呢？如果你花费了很多钱，才知道这个秘密，你就会很珍惜！但现在你轻易地知道了，很多人就会觉得廉价，不值钱，甚至觉得“这些我本来就知道!”那不就被我说中了，你都知道了，却还是没办法通过这个秘密获利，这说明你根本没有体会，知道却没有体会，等于不知道。

希望你听完这个秘密后，能成为靠这个观念获利的人。

师父领进门，修行在个人

终于进入本章最后一节，操作心法还有很多，我也尽可能把我的经验都讲给你听了。这件事没有想象中那么容易，因为很多观念对我来说是理所当然的，但是对初学者来说是盲点。我也是从新手开始学习达到现在的水平的，很多的关卡或心态，我已经突破了，所以会把它们视为理所当然的道理，如果你的学习还未达到一定水平，那一定还会遇到很多问题。我还有表达不清楚的地方，你可以通过 E-mail 和我讨论。也不能全部靠别人，有些部分老师可以教，有些部分需要自己体会，自己实践。

现在教技术分析的课程非常多，一般投资人在没有任何基础的情况下很难分辨哪些课程适合自己，老师教得到底好不好。

还有一种人，沉迷于老师的对账单，往往不见得学得好，因为他太在意老师绩效好不好，而不是这个老师到底会不会教，这个方法到底适不适合自己。例如有很多短线方法的相关课程，老师绩效也很好，但是我认为这种短线方法，基本上不适用于大多数人，很多人就算去学，也未必能运用，因为它可能需要反应很快，可能需要盯盘，等等。总之，在这种状况下，你看到老师有很漂亮的对账单又如何呢？那不是你的对账单呀！

所以我才会这样回答这些询问的朋友：老师绩效很好，你不会跟他一样，你可能学会后做得比老师还好，也有可能比他差，重点是老师会不会教，以及你自己学到什么程度。举例来说：如果今天迈克尔·乔丹来教你打篮球，他打篮球的技巧已经达到世界顶尖水平了，你向他学完就会跟他一样吗？他教的东西，你有办法吸收吗？你的水平达到一定高度了吗？

像是武林大师要把自己的功夫全部传授给你，当功力灌进你的体内时，如果你体质不好，或是你身体练得不够强，底子不到位，很有可能被灌完以后，身体却残废了。你的身体没有办法吸收更多，灌输的动力反而对你有伤害。

该如何去辨识课程的好坏呢？可以多看看这个老师教的内容，多观察他的思维逻辑，表达是不是清楚，自己是不是听得懂，以及这个老师的操作方式是不是自己想要的，看看其他学员的学习状况如何。然而，很多人其实不知道自己要的是什么，不知道自己适合什么操作模式，甚至不知道自己适不适合操作。所以应该好好思考一下这个问题，想在操作中达到什么目标，然后开始找能达成这个目标的方式。

譬如想每年有 5% 的报酬率，那就可以找定期定额储蓄式的方法；想每年有 20% 的报酬率，那可以学习月台操作法；想每年有 50% 甚至以上的报酬率，那可能就要找到更优化的系统。

想要达到目标要用什么方式？大波段操作还是短线进出？大波段操作很轻松，不用看盘，长时间做一次，做到的都是大段的。短线进出，每天赚小钱，长久累积成大钱。这些都是自己应该去考虑的。本书事实上也提到不少这样的观念，但在这里我并没有给出任何答案。你需要有独立思考的能力，你需要好好思考这些问题才能找到自己的路。

本书从操作系统开始讲解，再到资金管控，最后谈到操作心态，这是一个完整的架构，也是一个完整的循环，彼此密不可分，平面式地学习完整操作黄金三角之后，要认识到它们彼此之间又息息相关，才能在脑中建构起立体螺旋的操作架构。换句话说，融会贯通后，这些操作架构才会稳固，你才能驾轻就熟。所以重复是很重要的，重复次数够多，它才会变成你的习惯动作。

很多人学习之后，还是障碍重重，知道怎么做，但却做不到位。我建议先练习静坐，静下来后，把脑子放空，有时候困扰你最多的是你的思绪，这不是三言两语可以谈完的，简单来说，静下来准没错，所以好好练习静坐吧。

关于获利和财富，俗话说“命里有时终须有，命里无时莫强求”，佛家讲因果和福报，或者说钱财的多寡，可能是命中注定的。那么如果我现在很穷，就没法改变了吗？也不全然，“欲知来世果，今生作者是”，你想要未来好一点，就看现在做了什么影响未来的事情。佛说：“财布施得财富。”意思是说你想要有钱，那就多布施吧！你听过“了凡四训”的故事吗？故事里面说，你想要改变命运，就要知道“积善之家，必有余庆”，多做好事，那么好的事总是会轮到你。不论你相不相信这些，做点善事总是好的，做了好事别人会感谢你，帮助别人你自己也开心，这也许对你自己帮助最大。尽你所能去做你能做的，然后接受所有可能的结果。

别忘了，操作是一场马拉松，你想跑得好，就得好好学习，好好体会，教练只能在旁边叮咛，下场去跑的人一定是你，希望在这条路上，有我的陪伴，你会顺利一点。

练就你的体力，练就你的实力，你会走出属于自己的路。

后　记

感谢财经传讯方主编的邀稿，让我有机会分享经验，如果我分享的内容对大家有帮助，我就觉得值得了。

感谢所有相信我的朋友和读者们，相逢即是有缘，只要各位肯相信我，我就会尽力帮助你们，让你们学会操作的方法，不辜负你们对我的信任。

感谢我的家人、朋友和人生路上遇到的贵人，因为你们，我有所成长，我的人生更完整。

感谢未婚妻 April，给予我很大的鼓舞，给予我体谅、支持和陪伴，让我在写书的时候更有能量，我真的很感动。

温馨提示

需要说明的是，A股市场没有做空机制，本书所列出的股票案例，尤其是股票做空的情况不包括A股，但本书的“正确投资心态”“资金管控方法”“月台操作法”以及股票操作完整“黄金三角”等内容适合每一位股票市场投资者使用。

再次提醒，投资有风险，还请读者朋友在获得收益的同时也要明确和承担相关风险。